JN334204

デートDVと学校

"あした"がある

編著：高橋裕子

デートDVとは、親しい間柄や恋愛をしている間柄で相手の束縛・支配により、自分の意志や言動を見失っている状態。それを「恋愛」だと思い込んでいること。

はじめに

100 人いれば 100 通り、一人ひとりの生徒はちがい、みな同じではない。
　デートＤＶ（ドメスティック・バイオレンス）の被害・加害生徒の傷の深さと回復への道のりは一人ひとりちがっていて、対応や支援のありかたも一人ひとりちがうのである。
　私が養護教諭として高校に在任した 25 年以上も前から「デートＤＶ現象」は確かにあって、ＤＶとして言語化・可視化されるまでの間、振り返るとそれぞれの生徒のこころやからだの傷に対症療法的に対応してきていた事に気づく。
　どこの学校の教員・養護教諭であろうと「デートＤＶ現象」とその対応について学習しなければ、その認識を持たないまま、繰り返す生徒のカップル間の暴力に、やはり対症的にしか関われず、対応に苦心しているはずである。
　「デートＤＶ現象」に対応する教師たちもまた、一人ひとりがＤＶについての認識、ジェンダーバイアス、恋愛観、人間観がちがう事も確かなのだ。

　ここで卒業生のカナエから送られてきた一通の手紙を読んで欲しい。これはカナエが自分と同じデートＤＶを辿っている生徒たちに向けて書いたメッセージの一部である。

> 　今おもえばどうしてあんなに自分を責めていたのか、自分一人で苦しんでいたのか、とおもいます。辛い時、身近に自分を支えていてくれた人たちがいます。今だからこそ、自分がどれだけそうした周囲の人たちに支えられていたかがわかります。
> 　彼と別れて一年、やっと自尊心が戻り、本当の自分を取り戻しました。彼との出来事は良い思い出ではないけれど、得る事は大きかったです。どうか一人で苦しまないでください。まわりにはたくさん支えてくれる人がいます。

> 　どうか私のように自分を見失なわないでください。本当の自分を貫いてください。先生方は「距離をおけ」というでしょう。「距離をおけ」という事は別れる事ではありません。人の人生は一本の糸です。距離をおく、という事は複雑に絡まった糸を一旦ほどくという事です。その糸の先が今後どうなるかわかりません。また絡んでくるかもしれないし、良い距離が保たれるかもしれないし、完全に離れてしまうかもしれません。
>
> 　言える事は、今の状況を変える事ができるのは確かです。お願いです、私の苦しみを繰り返さないでください。今のあなたは本当のあなたですか？あなたはあなたが好きですか？本当のあなたを探してみてください。好きと言えるあなたを見つけ出してください。あなたを大切にしてください。これが私からのお願いです。

　ＤＶ・デートＤＶの被害・加害の実態や原因、支援のありかたをめぐっては、さまざまな視点・分野から提起がなされて久しい。

　問題が可視化されてきた当初から、支援プログラムや支援機関に関わる、民間・地域・行政などにおいて専門家・指導者から必ずといっていいほどに要望・提言されてきていた事、それは、被害者・加害者予備軍をつくり出し、送り出している学校教育現場における防止教育・啓発学習の必要性であった。

　しかし、被害者・加害者の予備軍を送り出し続けている学校現場では、いまだにその緊急性や危機感が持たれていない現状であり、日常的に教室の中で起きているデートＤＶに気づかない（気づけない）教師たちの対応認識の遅れの問題も

長引いている。

　たまに身近な生徒の異変に気づく事があっても、交際している男女の「犬もくわぬケンカごとき…」という認識から、デートＤＶという人権危機意識・対応へと広がっていかない現状なのである。

　被害生徒が目に見えるような身体的暴力を受けた場合などにおいても、加害生徒に対し「一般的な」暴力行為として生徒指導的に反省文や罰則処分対応で済ませているのが現状なのである。

　デートＤＶという「関係性」のもっとも根源的問題についてさまざまに考察できる機会にありながら、生徒たちは人間的行動変容の柔らかい部分に引き付けた再考のチャンスを与えられないまま、「見逃され」、放置されている。

　そして、高みから「処分」を言い渡すだけの教師たちは「デートＤＶ現象」を引き起こす根本的原因とは何か？という考察・対応から目をそらし、結果的に「逃げている」現状といえる。

　はたして学校・教室でデートＤＶはどのように起きているのだろうか？加害・被害生徒は学校の中において行動や暴力をどう受け止め、教室や部活動をどう続けているのだろうか？

　また、周囲の友人、クラスメート、部活の仲間たちは、目の前のデートＤＶをどう受け止め、対応し、心的な影響はないのだろうか？傷つきはしないのだろうか？

　担任や教師たちは、「デートＤＶ現象」の認識、そして対応・支援・防止教育を校内でどのようにすすめようとしているのだろうか？

　デートＤＶに悩み・傷ついている生徒（加害・被害）と、その対応に苦しんでいる教師など、「学校現場」にいるすべての人のために、解決の糸口を見出す一歩としたい。

＊「デートDV現象」とは、著者の造語で、デートDVの原因、症状、対応など関連するすべての事柄を含んだものとして使用。

もくじ

第1章　学校でデートDVってあるの？ ———————————— 8

第2章　学校でデートDVは防止できるか？ ——————————— 26

第3章　学校とデートDV、その対応 ———————————————— 50

第4章　「人権としてのセクシュアリティ尊重度」を
　　　　確認してみよう ———————————————————— 64

第5章　実践「性的自立度のバロメーター―デートDV編」— 72

学校現場でDV防止教育は可能か？
　―全員が知識を持ちサポートを　中島幸子 ——————— 84

コラム　甲斐あんな ———————————————— 23、47、61

デートDV オススメ参考図書 ——————————————— 91

デートDV 相談機関・団体 ————————————————— 93

5

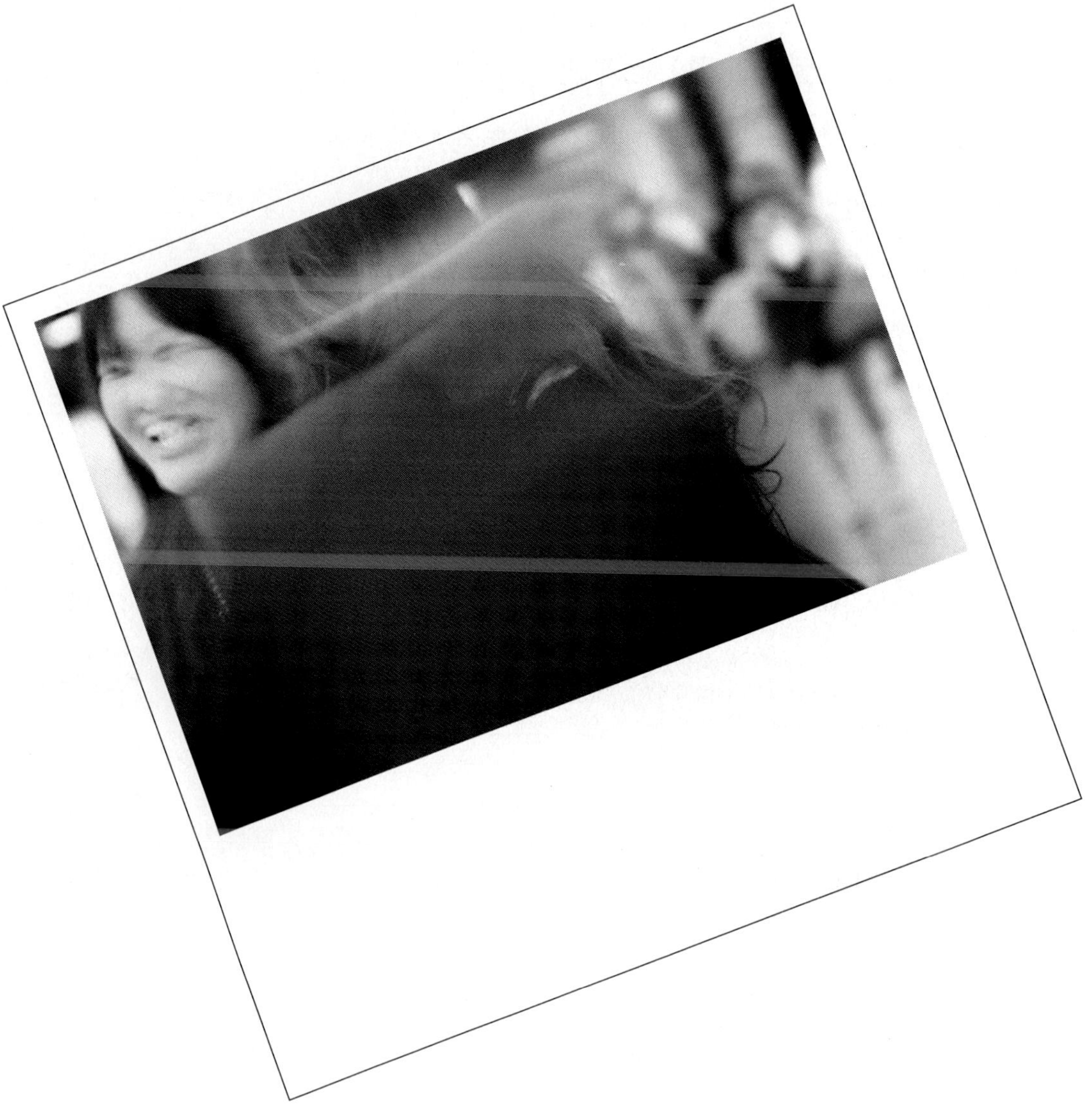

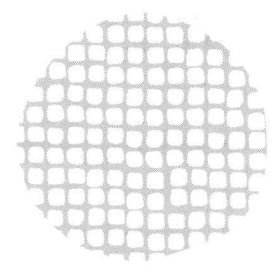

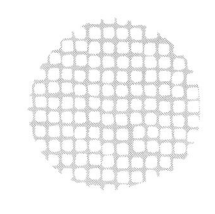

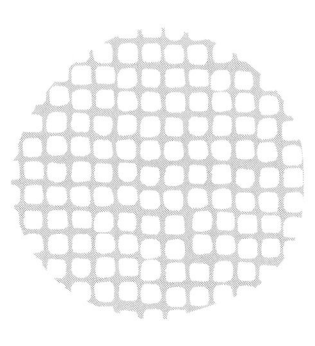

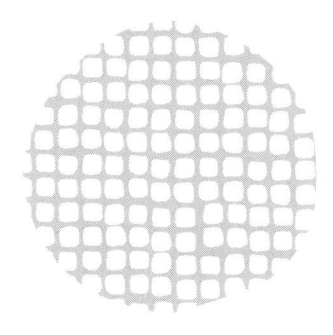

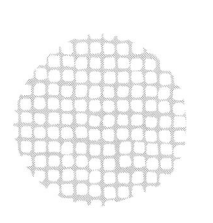

第1章 学校でデートDVってあるの?

第1章　学校でデートＤＶってあるの？

　内閣府の若い世代における「恋人からの暴力」に関する調査（2007年11月）によると、

○「恋人からされた行為」殴る蹴るなどされてケガを負わされる（男性1.6％、女性0.8％）
○突き飛ばされたり、壁に叩きつけられる（男性0.8％、女性1.5％）
○物を壊したり叩きつけたり壁を蹴ったりナイフを持ち出したりして怖い思いをさせられる（男性3.1％、女性6.9％）
○嫌がっているのに性的行為を強要される（男性0.8％、女性9.2％）
○避妊に協力してくれない（男性0.0％、女性12.3％）
○貸したお金を返してくれない（男性2.3％、女性10.0％）

「これらの調査であげた行為を最初にされた時期」をみると

○中学卒業〜19歳　34.8％
○20〜24歳　48.8％

となっていて、すでに中学、高校生という学校生活の中でも、恋人・親しい関係の中で、必然のように暴力的な支配関係がうまれている事が示されている。
　しかも、暴力は認めつつも、恋人へ暴力を振るっても犯罪にならない（同調査）という調査結果もあり、親しくなれば何をしても許されるという意識は、注目すべき結果である。
　高校では、都内Ａ高校の調査がある。07年1〜2月の1ヵ月間、保健室を訪れた生徒（男子35人、女子39人）への調査であるが、

○あなたは、彼からまたは彼女から暴言・暴力・望まないセックスを強要された事がありますか？

　　　　　　　　ある（男子19％、女子23％）

○あなたは友人や身近な人で、上記のようなカップルを見たり聞いたりした事がありますか？

　　　　　　　　ある（男子37％、女子46％）

いかがでしょうか？身近なところで驚くほどの多さで危機は起きている。

保健室

　保健室は生徒の居場所であり、逃げ場、隠れ場、訴え場でもある。何のアプローチもリアクションもなくただ「まったり」したくてごろごろしてるだけの者もいる。

　そして、学校内で、生徒の「素」がもっとも出やすい場が保健室でもあるのだ。

「足が痛い」という女子生徒

　腫脹もなく可動性もあって他覚的症状が見受けられない。

　どうして痛くなったの？という私の質問には無言でいる。ざっと見えるだけの全身を見るくせが私にある。足ではなくシャツからわずかに出た手首の青アザに気づく。

　ここは？どうしたの？と聞いてみる。やはり無言となる。付き添ってきた男子の同級生に少し処置が長くなるから先に教室に帰ってなさいと帰す。残った女子生徒が、

「壁に一人でぶつかってしまった」

と答える。

　そう…でもプロの私が見るとこれは打たれたあとに見えるけどと言うと女子生徒は、また無言を通すが、じっと待ってみる。しばらくして、ぽつぽつと話し始

める。

　さっき付き添ってきた男子とつき合っているが、ときどきぶたれたり階段の上から蹴飛ばされる事もあるという。男子生徒は"付き添うやさしさ"などではなく、自分がやった事を彼女がどう説明するかを監視するために付き添ってきていたのだ。女子生徒は暴力を受けた後の、混乱を整理できないまま、「足が痛い」という訴えに変えて"助け"を求めていたのだ。

「傷の手当て」に来た生徒二人と教師と…

　次のような生徒の会話のおかしさに気づく事はないだろうか？
　それまでは対等に教室で机を並べていた者同士のはずなのに、親密な交際を始めたとたんに、男子は彼女に「お前さ」などと上からものを言い始める。
　女子はかいがいしく彼の面倒をみ始め、彼の母親役をする事が恋人の証とばかりの行動を始める。

男子「ケガしちゃった」
私　どこ？
女子「膝がすごく痛そう」
私　どうしてケガしたの？
女子「サッカーしててゴール前で人とぶつかった」
私　一番痛いところはどこ？
女子「ここらへん…」

　男が話さなくても女が転んだ男の責任でもとるようにすべて答え、男は他人事のように黙って足を投げている。

私　君に聞いてる事だよ、君のからだに起きた事なんだから自分で答えてよ、なんで彼女が答えるの？

目の前の傷の手当てに追われ、こうした彼・彼女二人の気にも留めない小さな出来事の「おかしさ」に気づかないでいると、やがて「支配やコントロール」という関係につながっていく結果を見逃す事になるのだ。
　デートＤＶの言葉や概念が出てきた事で、私は二人の関係性につっこみを入れながら、生徒と共に考える風が吹き始めたのを感じた。
　デートＤＶとおぼしき現象は、高校の養護教諭の仕事を始めた25年も前から常にあったのだ。ただ、それが言語化し可視化されるまでは、対症療法的に対応していたのである。
　まず、「デートＤＶとは何か？」についての大きな掲示物、「身近にいませんか？」（P.12参照）と「デート作法度チェック表」（P.40参照）を日常的に保健室に貼っておく事にした。デートＤＶというキーワードはおもいがけず、生徒の関心をつかんだ。
　「まったり」の生徒も、ケガの手当てや検診で訪室する生徒や、恋愛中や失恋中も「もしかするとデートＤＶかも？」と感じる生徒たちともデートＤＶの掲示物を使いながら会話ができるようになったのだ。
　ごろりとソファーに横になっているだけのまったり生徒は時間をかけて丁寧に読んだ後、やがて大きな声で叫んだのだ、「これって、オレだ！オレってＤＶ男だったんだ！」と。

第1章　学校でデートＤＶってあるの？　11

❗ 掲示物「身近にいませんか？」のポイント・解説

＊『季刊SEXUALITY』18号の特集「性教育のキーワード」にある「デートDV」（雑誌P.56参照）の説明を掲載した。

＊「デート作法度チェック表」を生徒たちの回答と共にコメントも掲示した。

＊目に留まりやすく、気分が重くなっても読めるよう、動物等のカットを入れた。

「オレ変われるかな？」ショウタの場合

　ショウタは、高校2年の男子生徒である。身長が190センチ近くもあり、クールな顔立ちでもある事から、周囲の女子にもてはやされる存在だった。すでにユカというつき合っている生徒が同学年にいて、学校・教室内ではかなり目立ったカップル間の行動が見られていた。
　ショウタ本人が、よく保健室に来ては二人で昨日はどうした、これからどうつき合うなど、楽しそうに話し込んでいく事が多く、二人は、普通の高校生カップルという認識だった。
　ユカが泣きながら突然助けを求めて保健室にかけ込んできたその日までは。
　ユカが、驚いて立ちつくす私の目の前を「助けて！」と走りながら奥の部屋に逃げ込み、机の下に隠れ込んだ。その直後、ショウタが今まで見た事のない形相で乱暴にドアを開け「ユカが来なかったか？」と大きな声で叫んだ時、私は初めて日常の二人の中にＤＶが起きている事に気づいたのだ。
　ショウタが荒々しく立ち去った後、ユカは震えながら、すべてを話してくれた。二人は学校の中で（周囲の目があるところでは）、手をつないだりベタベタしたつき合いの関係を見せていて、ユカが落ち込んだり泣きそうな表情をすると、ショウタは「そんな顔をするな」と目でにらんだり、つないだ手をつねったりしていたのだ。ユカは親しい友人と会う事も制限され、保健室へ来る事さえ禁止されていて、そのため、ショウタ自身がたびたび顔を見せて話し込んだり、ユカが余計な事を話したりしていないかを確認するために来ていた事も判明した。
　ユカの心痛とはうらはらにショウタの陰湿で巧妙な暴力は徐々にひどくなってきていたのだ。
　妊娠をしてしまった時も、ショウタは責任逃ればかりであり、困ったユカは両親にすべてを打ち

第1章　学校でデートＤＶってあるの？

明けて相談し、中絶し、その後別れる決心をしていたのだ。保健室に逃げてきたのは、別れ話をした直後であった。保健室でユカと私が話をしている間も、ショウタからのケータイ呼び出し音が鳴り続けていた。

　以後、ケータイは持たないように両親にあずけ、連絡は一切とらないようにし、登下校時は、ユカの親が自宅と学校間を送り迎えをし、校内では、ユカができる限り一人にならないように教師も協力し、学校生活は続けていた。

　ユカのケータイ留守電には、ショウタのあらゆる罵詈雑言と泣き事の繰り返しが毎日のように入っていた。それは身長190センチのクールな大男ショウタではなく、ぐずぐず泣きじゃくりながら「別れないでくれ～、ユカ～ユカ～！」と何度も懇願している声だった。

　ある日は、ユカの家の前に一晩中立ち続けていたらしく、ユカの両親は警察に通報する寸前だったという。

　別れた後もショウタは、保健室には顔を出し続けていた。

　ショウタにとって、突然のユカの「別れ」がどうしても納得できないままにとどまっていた。

　これは恋愛ではなくデートＤＶである事、ユカはショウタをただ怖がっている事、この意味を話し、加害を気づかせる事をしてみた。あなたの暴力が怖くて一生懸命"つくり笑い"をしているユカといて、ショウタは楽しいわけ？と聞いたら、「全然楽しくない」と答える。でも、あなたはずっとこれまでそうした関係でいたわけよ、と話して、やっとこれまでの自分がどうだったのか、など少しずつではあるが気づき始め、オレはどうしたらいいのか？オレは変われるのかな？など、真剣に聞き始めてきて自分がデートＤＶ加害者である事に真剣に向き合い始めた。

　その矢先、別件で大きな暴力事件を起こし、あえなく退学処分となって学校を出てしまった。

ショウタの両親

　この退学勧告を受けるため学校に来たショウタの両親に、ユカがどうしてもショウタの子を中絶した事や、辛かった事、これまでの気持ちなどを自分の言葉で直接伝えたいと言う。私と担任も同席し、両親と会った。

　ユカが泣きながらこれまであった事を話している間、ショウタの母親は一言も発せず最後まで仮面のように反応がなかった。父親は、「大変だったね、ショウタの事はごめんなさい」と謝罪した。

　ユカが落ち着き、終わろうとした時、父親が突然「中絶しなかったらその子は今頃は産まれていたわけだね、そうするとぼくはおじいちゃんになってたんだね」と、にこにこしながらユカに向かって言ったのだ。ショウタによる傷ついたこころやからだの痛み・悲しみに対して、思いもよらないこうした親の反応だったが、後日、ユカは言った。「うん、びっくりしたけど、気持ち話せたから少しだけど軽くなった、これからも自分の気持ち話しながら軽くしていきたい」と。

　後にユカからきいた話であるがショウタの母親は、父親によるＤＶをうけていて、ショウタは母親からの暴力をうけている生活であったという。

「なおせねぇーんだったら口出しすんな！」ユウジの場合

　ユウジはスポーツ万能の高校生である。サッカー部に所属していて友人も多く、後輩からの人望も厚くリーダー的な存在だ。登下校時はつき合っているというミチといつも一緒で、ユウジの部活が終わるまで、グラウンドの隅でじっと練習を見ているミチの姿がよく見られていた。

　空き教室で口論している生徒がいるという知らせを受けて行ってみると、ユウジがまさに椅子を振りあげ、ミチめがけて投げようとしているところであった。日頃のベタベタしたユウジとミチの姿とのギャップに駆け付けた教師たちは驚いた。やめなさい、と言う担任に向ってユウジはあげた椅子の矛先を変えてどなった。「オレたちの問題だ、他人は関係ない！」と。

　ミチに聞いてみると、これが初めてではなかった。ユウジのこうした行動はときどきあったが、それは"自分が悪かったせいだ"、とミチは言うのである。

　しかも原因は些細な事が多く、ミチがすれちがう男性をちらっと見たから、ケータイで朝起こす約束なのに遅れてしまったから、のろのろ歩くから、遅刻した原因を絶対オレのせいだ、というんだろう？そうなんだろう？という、責任転嫁から始まる事もあるという。

　自分の思い通りにしない・自分に合わせようとしないミチをことごとく大きな声を出したり、手近な物を投げたりして音を出す事でひるませているという状況がわかった。これに対しミチは、私が悪かったから、私がちゃんとしないせいだから…、と言い続けている。

　その日、二人はすでに校門を入ってきた時から口論をしていて、他の登校してきた生徒でごったがえす昇降口でユウジの暴力が爆発、持っていたペットボトルを投げつけ、廊下に並べている生徒たちの作品書架を激しい音と共になぎ倒し、止めようとして間に入った教師にスポーツバッグを投げつけ、昇降口のガラスドアを蹴って

粉々に割ったあげく、そのまま外に出て行きユウジの爆発行動は終わった。

この間、ミチは嵐が通り過ぎるのをひたすら耐えている風にじっと頭を抱え込んだまま座り込んでいた。しばらくして外を見ると、出て行ったユウジが気が抜けたようにぼんやり花壇縁石に腰かけてチラチラこちらを見ながら気にかけていて、騒ぎを知らずに遅れて登校して来る友人に声をかけられて弱く返したりしていた。

この数分間の大きな騒ぎは、生徒・教師の周囲誰もがどうしていいかわからず、この日は、とりあえずそれぞれの親に連絡をした後、自宅へ帰らせた。

しかし、翌日、二人が何事もなかったがごとく仲睦まじく手をつないで登校する姿を見てデートDVである事を確信。今後また引き起こすであろう"騒ぎ"に対し、担任・学年団と共にデートDV理解へのレクチャーをしながら対策と予防を話し合う事とした。

ユウジとの会話

○ミチとは大体週に4〜5回くらいの割合でケンカしているような気がする、自分はデートDVではないかと気づいているし、だんだんひどくなってきている（二人で保健室の掲示物「デートDVとは何か？」「あなたのデート作法度チェック表」などを仲良く確認したりしていた）。
○ケンカしながら"向こうへ行け、オレから離れろ"と言うようにしている。でもミチはわざと離れないでひっついて来るので、ますますイラついてきて…。
○暴力を振るいながら"オレ、何やってんだろ、おさえられない、どなる、あやまる？あやまるくらいならやるな"と別の自分が言っている。しかし、またやってしまう、オレって二重人格かな？
○別の日、保健室に来て突然「オレはDV男だよ、だから何なんだよ！なおせないんだったら口出しすんな！」
○ある日の騒ぎの後、「オレは、もう一生恋愛しないとおもう」

ミチとの会話

○暴力はたびたびあって、ひどくなっている。ユウジはサッカーの部活ばっかりやっ

てるし、ミチは大切にされていないとおもう。別れる事があってもいい。
○話せる友人はいるけど、詳しい事は話していない。「また、ケンカ？」と言われるくらい。
○暴力騒ぎの後、早くユウジと仲なおりした〜い。だって好きなんだもの、今日、一緒に遊びたいし。会わずにいるなんてたえられない。
○私の親にはユウジの暴力の事を連絡しないでネ、私がちゃんと話してるし、学校から連絡いくと嫌がるの。
○暴力振るったりする事も含めてそんなユウジが全部好き、暴力が起こりそうな時、オレから離れろ！と言われても別れたくないからしがみついている。

ユウジの母親

○ユウジは、家では、母親の私や弟に暴力を振るう事はない（母子家庭）。
○ユウジが小さい頃、今は離婚して別れた夫がよく大きな声でどなっていた。大きな声を出したり物を投げては、おもい通りに物事がおさまっていて、私といさかいをするのを見ていたとおもう。今、そうしないように気をつけているが、自分も怒るとついキレて大きな声でユウジを怒鳴る事が多い。ユウジが同じ行動をとっているとしたら反省している。
○自分の留守中に家にミチさんが上がっているのは許せない、部屋がちらかったままになっているからミチさんが来た事がわかる。ユウジと口論しているのは何度も聞いた。このままこうしたつき合いを続ける事は良くない。ミチさんの両親ともきちんと話し合いたい。

ミチの母親

○（一度学校に来ていただけないか？という担任の電話に対して）行ってどうなるわけでもないでしょう？あの子たちを別れさせられるんですか、学校が？ほっといてください。

「妊娠したらやさしくなった」メグミの場合

　メグミが私の前で半分自嘲気味にケラケラ笑いながら、卒業生であるアキラの子を妊娠しちゃったー、と言うのを聞いた時、あーっ、やってしまったー、というのが私の最初の感想だった。アキラとのつき合いが始まってまもなく、メグミは、服装や髪形・友人とのつき合い・行動さえ、アキラの言われた通りに変えてしまっていた。なぜ？という問いにメグミは「だってアキラが言う事は私もそうおもうから」と答えている。

　アキラは在学中、元カノに対してバイクごと体当たりするなどの暴力を加え傷害を与えていた。

　下級生のメグミは、アキラのこうしたバイク事件などを聞いているはずなのに、自分からアキラに声をかけたのだ。アキラは、たまたま保健室で私と話していて、そこへメグミが「元カノの事、まだ忘れられないんですか〜」と近づいてきて言っ

たのだ。そこから二人のつき合いにはずみがつき、よもや妊娠とは！
　しっかりよく見なさい男を！深い関係になるのは慎重に！と繰り返し伝えていたのに、メグミは、「元カノだって結構悪かったらしいよ」とアキラの言葉をうのみにして私に返している。
　学校は絶対卒業する事、そのために避妊をきびしくする、嫌な事は嫌とはっきり言う事、など約束し、アキラとのつき合いや行動について説明し、話し合い、何かあったらいつでも相談に来る事にして交際は始まった。
　その矢先の妊娠である。メグミはデートＤＶがどのような事なのか理解しているようでまだ現実に実感しているとはいえない甘さを抱えていた。その上、アキラの母親から"子どもは産んでいいよ、"と言われたという事でメグミは出産予定日が卒業後になる事もあり、簡単に喜んでいた。
　しばらくは、「どう？」と聞く度、「大丈夫、今はやさしい」と答えている。メグミはアキラの家からバス代を出してもらい直接彼の家から通学して来るようになったが、まもなく欠席が続くようになる。担任がケータイに電話すると、「バス代がもらえないから行きたくても行けない、実家には病弱な母がいて、帰れない、ケータイもとりあげられている。今は彼が仕事で留守だから電話に出られるけど」という状態らしい。とにかくこのままでは卒業があぶなくなるから登校するように話したら、アキラが付き添いのようについてきてやっと出て来るという状態だった。

メグミとの会話

○アキラは仕事から帰ってきた時にメグミが不在だと不機嫌になってキレる。
○母親もアキラの暴力を怖がっている状態であった事が一緒に住んでみてわかった。
○ケータイで友人と話していると勝手にとりあげられる。
○アキラといる時は、化粧をしたりおしゃれしたりしていいが、学校へ行く時や買い物などで家を出る時は、髪形を変えたり、ジャージ以外の洋服を着たらダメ。
○妊娠しているせいか手をあげる事はない。
○一番の屈辱は、アダルトビデオを見ながらメグミの目の前でマスターベーションをする事なのだという。こうした事以外はやさしい、という。

　話し合ってもわかるはずのないアキラである事は元カノの事件でわかっている。メグミには以下の点をアドバイスした。

○自分のいのちともうひとつのいのちを守るためにも自分の家に帰る事（自分の身も守れずに、出産した後、彼女は子どもを守れるのか!?）
○卒業が目の前だから欠席はせずに卒業までがんばる事
○逃げなきゃとおもった時はすぐ逃げる事
○普段、家を出られるように身近なものをひとまとめにしておく事
○いつでも連絡がとれて逃げられる「相談センター」「シェルター」がある事
○周囲の大人に助けを求める事

　などをメグミと話し合う。支援センターへの連絡番号を書いた紙片にいつでも使えるようセンターまでの交通費を包み、アキラには見つからないようにと持たせる。

第1章　学校でデートDVってあるの？　21

私は、元カノの事件からアキラと関わっていたため、アキラは、なかなか保健室に寄りつこうとしなかったが、メグミが卒業するまで学校に通わせてよ、と言ったら、彼はこう答えている。
「行けよ、と言っても、もう卒業できないから無理、って自分で行かないんだよ」と。
　バス代をとりあげておいて行けよ、はないじゃん、そう言ったら「バス代は渡してるよ」と返す。これ以上つっこむと、メグミが後でそれをネタに暴力にあうかもしれない、と考えると、卒業まで少しだからよろしくねとだけしか言えない。アキラは「オレがメグミを守っているんだから問題はないよ」とも言って帰っていった。
　そんなアキラに自分の全人生・生活を依存してしまったメグミは、実家に帰って助けを請う事もできず、学校は続かず、相談センターにも行けないまま、卒業目の前で単位を落としてしまった。

　　　　　　＊登場人物はすべて仮名で、個人の特定を避けるため多少の脚色を加えてあります。

column
「夢をあきらめた」 ハルカの場合

　学校全体が秋の体育祭に向けてそわそわしはじめたある日、ソフトボール部に所属しているハルカが相談に来ました。「3年生で最後だもん、応援団に入りたいんだけど、ユウトが許してくれない」と。理由を聞くと、実はハルカはユウトから「他の男子としゃべるな」と言われているというのです。応援団に入るとペアダンスもあるし、必然的に男女仲良くなります。だから「ダメ」だそうです。

　詳しく話を聞いてみると、ハルカはユウトにはとても気を使っていました。誰とでも仲良くしているように見えていたけど実は男子とはほとんどしゃべっていない事、ユウトの要求には「NO」が言えない事、叩く真似をされたり、叩かれた事もある事など、彼の前ではハルカのはつらつとした明るさは失われているようです。ユウトはクラスでは中心的存在の一人ですが、野球部では初心者という事で馬鹿にされる事もあり、そのはけ口がハルカへの支配へと向かっている事もあるようです（もちろん、そればかりではないでしょうが…）。実はハルカは部活仲間でワイワイと保健室に遊びに来る親しい生徒の一人。女の子ばかりで性の話を語り合うこともあり、当然DVの話もしていました。「そんな男嫌だよね」とみんなで話していたのに、こんな近くでDVが起こっていたなんて、全然気づいていませんでした（もちろん本人もDVとは気づいていません）。

　結局、応援団に入る事はユウトから許してもらえず、しかし、許しなくやる事もできず、断念しました。でも、ユウトは応援団に入って、楽しそうにしていました。普段からハルカには「男子としゃべるな」と言っておきながら自分は普通に女子と仲良くしゃべっているのです。ハルカは自分が自由を奪われて支配されている事に気づいていませんでした。さまざまな状況は認めても、それがDVである事は認めないまま、二人の関係もそのまま、卒業を迎えました。　甲斐あんな

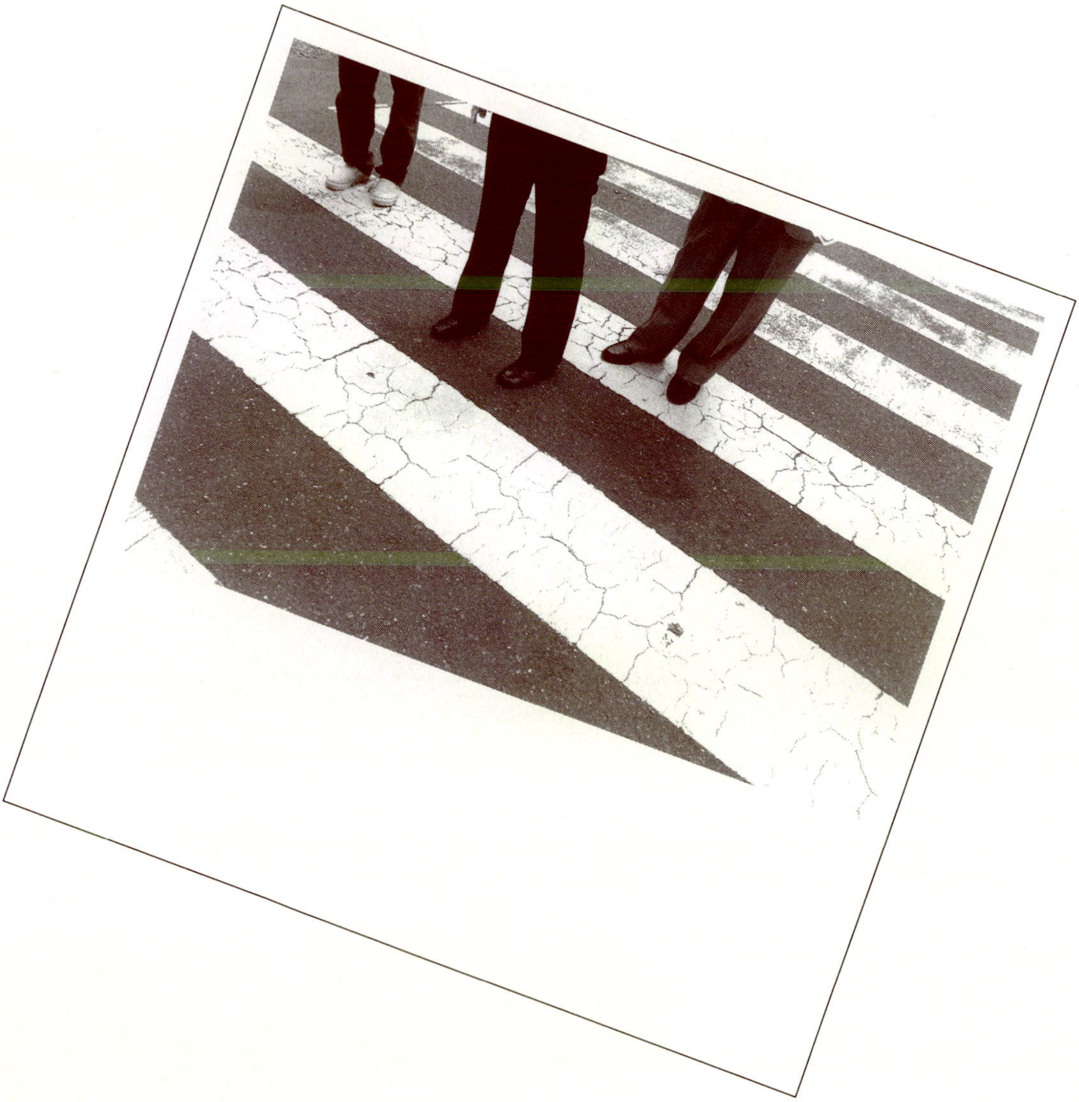

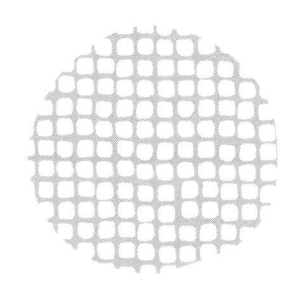

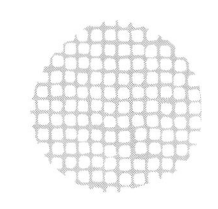

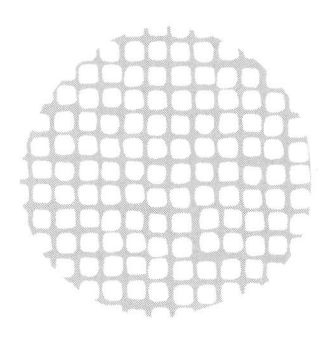

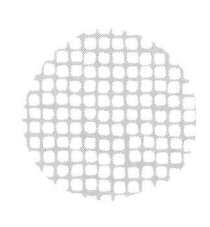

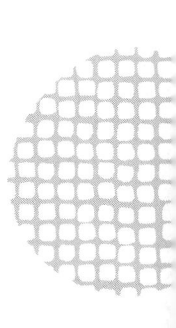

第2章 学校でデートDVは防止できるか？

第2章　学校でデートDVは防止できるか？

法の対象外

「"被害者の駆け込み寺" ピンチ　法対象外のデートDV」
　『現行のドメスティックバイオレンス（DV）防止法では、保護命令の対象にならず、公的支援が遅れている恋人間の暴力（デートDV）の被害者を、最近支援した民間シェルターは全国で少なくとも19施設に上る事が、共同通信の実施した全国アンケートでわかった。調査は9～10月、各地の民間シェルターでつくる特定非営利活動法人「全国女性シェルターネット」を通じ、北海道から九州まで計20施設が回答。
　過去5年間にデートDV被害者を支援した事があったのは、19施設（95％）、最多の支援件数は東京の約50人。支援内容（複数回答）は「助言」がもっとも多く75％、「一時保護」と「精神的ケア」が各50％。その費用を主に負担したのは「シェルターやスタッフ個人」が45％とトップで「被害者自身や家族」が16％、自治体は11％にとどまった。民間シェルターは国から人件費などが支給されない上、一時保護の委託費もデートDVだと支払われない。このため運営が「大変きびしい」としたものが11施設、「ややきびしい」が5施設で計80％。資金難などで昨年以降、閉鎖または休止したシェルターが青森と広島に各1施設あった』

共同通信（09・10・31）

　私は、このニュースを見た時に、"法の対象外"であるデートDV生徒一人ひとりの顔が次々と浮かんだ。生徒が抱え持つデートDVによる大きな傷の重さをおもう時、ねじれた金属が胸につきささるような痛みを感じるのだ。
　これは恋愛などではなかったのだ、デートDVなのだ、と生徒たちがやっと気づく事ができても、次はここへ行ってごらん！と言える支援場所・教育機関への行き場がまったくないのだ。

牟田和恵氏（大阪大学教授）は2010年の日本学術会議でこう述べている。「『ＤＶ防止法』が、夫婦以外の親密な関係の暴力をなぜ対象としないのか？これは婚姻関係にない女性の性への恐れ、ペナルティなのでは？」というのだ。
　いわゆる自業自得論として法的には保護するに値しないという事になるのだろうか？
　人は、婚姻関係にまで至る者もいるだろう。しかし、他の大多数は親しい関係から身近な関係をつくり、恋愛をして交際を温めようとしている多くの人間でこの世はあふれている。
　婚姻という法的拘束の中の、経済、子どもという利害を持たない関係の中の、「支配・被支配・コントロール・暴力」という不条理な関係こそをなぜ考察し社会の中で若い人たちを守ろうとしないのだろうか？
　「人（ひと）ひとり」の安全・安心・対等・人権という視点の重さに反する暴力の実態は、「誰に食わせてもらっているんだ！」という既婚者ＤＶの決まり文句に当てはまらなくても他にゴマンとあるのだ。
　デートＤＶ支援に公的予算がつかずに、民間支援相談者らの「手持ち」やこころざしで受け入れられていて、支援場所が閉鎖に追い込まれたりしているのだとしたなら、生徒を社会へと送る側の学校現場がますます何もしないままでいいとはいえないのではないだろうか？
　「ＤＶ」という家庭の中の親密な関係における暴力の問題が叫ばれ始め、殺人事件や一家離散など、社会問題としてクローズアップされた頃から、専門家や指導者の講座・学習会の場で、必ずといっていいほどに提言されていたのは、ＤＶ被害者・加害者予備軍が在籍する学校教育現場での早期防止教育・啓発学習の必要性だった。
　しかし、被害者・加害者の予備軍を送り出し続ける学校教育の場では、いまだにその緊急性や危機感が持たれていない現状であり、日常的に教室の中で起きているデートＤＶに気づかない（気づけない）教師たちの対応認識の遅れの問題も長引いている。
　問われて教師の多くはこう言う。
「いいえ、うちの学校ではデートＤＶなど見かけません。そんな生徒はいませんよ」と。

教師ざんまい

　身近な生徒の異変に気づく教師はいる。しかし、生徒同士の痴話ゲンカ、恋愛のこじれとしてのみ取り扱うならば、教師にとってもっとも踏み入りたくない領域である事は確かだ。
　「犬もくわぬケンカごとき…」という個人的問題とする認識から、デートＤＶへの危機感としての現状・対応へと広がっていかない要因の一つでもある。
　例えば、被害生徒が目に見えるような身体的暴力を受けた場合などにおいても、相手の加害生徒に対し「一般的な」暴力行為とする生徒（生活）指導的な反省文や罰則処分対応で済ませて、それ以上には踏み込まないのが現状なのではないだろうか？
　反省文や説諭、罰則規定でデートＤＶはなくせないのだ。
　ある学校では、デートＤＶの加害・被害の生徒同士が校内や教室の中において、顔を合わせたり接触する事による暴力行為を「防止」するために、被害の生徒のみを自宅謹慎の状態とし、加害の生徒はそのまま何事もなかったかのごとく通学を続けさせていたという。その為、加害の生徒からは相手に対する支配の手をゆるめない行動ともいえる謝罪を装う手紙やケータイメールが被害生徒の自宅に届き続けていたというのだ。
　こうして、学校における対応の多くに見られる事は、デートＤＶが内包する、人間関係の根源的なさまざまな問題を考察できる機会にありながら、行動変容の柔らかい部分に引き付ける可能性のチャンスを、教師は「見逃し」、生徒はみすみす「見逃され」ている事である。
　教師が、高みから「処分」を言い渡すだけならば、結果的にＤＶの持つ暴力性、ジェンダーバイアス、コントロールされた支配・被支配、被害生徒に内面化していく自尊感情の低下、恋愛幻想と恋愛依存などの「デートＤＶ現象」から目をそらし、逃げている事につながっていくのだ。

「数字」と地下足袋

今、教育現場では、性の問題やトラブルなどに対する学習会・性教育に対してなぜかバッシングの嵐だ。こうしたバッシングの名をかりた根拠のない学校への管理・抑制がデートＤＶ防止教育を推進できない要因の一つともなっている。
加えて、性教育の研修会場や学習会の後に現場教師から発せられる次の言葉である。
「デートＤＶが多いっていうけど学校でどれだけの"数字"が出てる？」「"統計学的"には率はわずかですね」「少数の生徒の事を訴えていくんじゃ、教育的にインパクトがありません」「実態は"数字"で出してよ」と。似た例に、「高校生の妊娠・中絶っていうけど、"数字"や"率"で見れば低いじゃない？」「レイプ被害は全体で"何パーセント"？」
数日前には、幼児虐待で死亡させたニュースで、児童相談所の職員が保護しなかった理由を問われ、こう答えているのに愕然とした。「保護するだけの数字がでなかった」と。
人（ひと）ひとりの傷つきや痛みを、率や統計の数字で見たがる教員や学者はどこにでもいる。
数字で示さない問題提起者に向けて低次元のものでも見る目つきで見下ろされる場合もある。
生徒の支援の方向性を「統計」や「数字」の見方で決めようとする立ち位置の人たちだ。確かにこうした見方は必要だ。
しかし、養護教諭である私は、保健室において、生徒一人ひとりのからだとこころの痛みに向き合う事をしている、いわば地下足袋をはいた現場の仕事人なのだ。

立ち位置を活かす

学校の中では、一人ひとりの生徒の多様性や生き方にまで視点をおこうとする養護教諭や教員がいる。同時に学校全体の企画運営の中で各組織や評価度に重き

をおいて動こうとするどちらかというと「数字」を立ち位置とする教員とがいる。

　担任の中には、自分はクラス全体を見る必要があるので、手のかかる生徒一人に関わってばかりいられない、という教師が少なくない。「全体の生徒を見る職務にある以上、一人の生徒の対応に時間をとる事は無理だ。その生徒だけがうちのクラスの生徒ではないのです、特別に気にかける事など不可能です」とも言う。

　ここで個人的な事で申し訳ないが、私の長男は０歳の時に高熱で聴力を失った。しかし、障害を持ったからといって私は仕事をやめる事はしなかった。そのため、彼は残存聴力と口話と補聴器の力で生後１歳前から保育園へ、その後も普通の小・中・高、大学へとすすみ、おそらく教室においてもっとも担任の「気を乱す」子どもの一人であった事だ。

　しかし、彼は、これまで担任をしてくれた「コツコツ一人ひとり」を見てくれる優秀な教師によって前向きに生きる事ができた幸運な生徒だ。

　長い学校生活なので、「あなたのお子さん一人を見てるわけではない」という口癖の教師もいないわけではなかった。その教師は、私の長男だけではなく、クラスの子のすべてに対し「あなた一人だけがうちのクラスの子ではない、私は全員を見なくては」と言い続け、結果、誰一人も十分に対応をする事ができていなかった。

　さて、養護教諭はすべての学年・クラスの生徒一人ひとりを見ている。自分が受け持っている生徒は、全校の生徒「一人ひとり」なのであって、うちのクラスの子、といって囲いをつくってその中だけを見ているわけではない。

　担任が「手のかかる生徒」だというその生徒が、毎日保健室で愚痴を言ったり先生に暴力を振るいそうになったが自制できた、などと目が飛び出るような話にもコツコツ対応しているのは、たいてい養護教諭なのだ。

　しょっちゅう保健室に行く生徒に対し、"お前は養護教諭の先生とどんな関係なんだ？"と、

突然担任に聞かれた生徒もいる。びっくりした彼はおもわず「か、関係ですか？ えーっと、友だちです」と答えてしまったというエピソードもある。

　何を言いたいのか？今、養護教諭とクラス担任との生徒対応の"意識かい離"を論ずるつもりはない。デートＤＶ対応に限っていうと、養護教諭が一人でがんばろうとも、担任団だけで授業の時間をやりくりして集まり対応を模索しても、生活指導のベテランが指導方法をどう組み合わせようとも、バラバラにまたは個別に動いていては解決の道すじは遠く、デートＤＶ防止教育の効果へとつながらないという事である。

　繰り返すが、全体の学校教育目標や企画運営にたけている教師と、生徒一人ひとりの内面に向き合う事を得意（？）とする養護教諭・教師と、生活指導など生徒指導的対応にたけている教師が、それぞれが「デートDV現象」の知識（デートＤＶが内包するすべての課題）と対応策を持ち寄り、連携し、情報を共有し、力を合わせて、すべての教師が「立ち位置」を活かしながら防止教育をすすめていく以外、道はない。

　課題は２つ。教師の「人権としてのセクシュアリティ尊重度」と「ジェンダーバイアス」である。

「どうして性暴力の学習が生徒たちに必要なんですか？」

　ここ数年前から、根拠のない性教育バッシング（「性教育」が子どもたちの性を乱しているという）により、学校での「性教育」は、時間の確保も含め後退した。

　そのため、相手を尊重し、自分自身のからだや性を大切にするという自尊・人権の性教育を受けられないまま生徒たちは社会へ放り出されて、社会的・性的なネグレクトといえる状態だ。

　今、生徒たちが、もっとも関心と興味を持つ性の情報の多くはどこから得ているのか？

　簡単にアクセスできるインターネットのポルノ情報・アダルトビデオ、エロ本などから子どもたちの性「常識」はつくられ、心身が音もなく侵されている状況

なのだ。子どもたちが受けるその内容はほとんど暴力的な性であり、凌辱や辱めという刹那的な画像のみで、相手を尊重する、自分自身を豊かに受け入れるというような性のありかたが描かれる事はない。

　こうしたメディアやネットをツールとして、性やいのち、からだへの価値観・性的自立意識は驚くほど低く、危機状況にある。

　そこで、性教育（からだ・性・いのち）の授業が他の授業と同様の意義と時間を確保されながら、学校の中で行われるという事は、生徒たちにとって、はかりしれないほどの重要な意味を持つ。「性的自立度のバロメーター」授業後の中学生の感想文（P.80 参照）を読んでみて欲しい。

　教育現場で身近に生徒と接する教師が性教育や学習の必要性に気づき、授業に取り入れる事を起案しても、今の学校の管理体制と評価基準で状況下、理解を得て実施する事は多難だ。

　生徒は、人権に根ざした性教育を受ける事なく、性的に自立する意味を問う事も人権侵害に至る暴力に気づく事さえなく、選択し批判する力も持たないまま、ポルノ化した情報社会へ出ていくだけなのだ。

　ある「進学高校」から性教育授業を依頼されて行くと、そこの管理職が私の授業内容を「点検」して問うた。
「どうして性暴力の学習が生徒たちに必要なんですか？」
　私は某大学の集団レイプ事件などを事例として出し、「今いる生徒たちにはこうした事件の当事者になってもらいたくないので」と答えた。

　しかし、驚いた事に管理職はこう言ったのだ。「うちの生徒たちは性についてそこまでは知らないとおもわれます。だから性暴力を起こすとはおもえません。それに第一うちの生徒はそんな騒ぎを起こすような大学には行きませんよ」と。

　これが進学で名高い高校の長の言葉なのか、と文字にはできないが、その大学をめざす生徒たちの代わりに、その場でその管理職の横っ面をはりたおしてやりたいとおもったほどである。

　目の前の生徒を取り巻く状況とニーズに疎い管理職はいる。本当に知らないのか、わざと視線をはずしているのか？

仲間に聞くと、このタイプの管理職は結構多いのだという。

自分は雲の上からでも箱庭の中の生徒を眺めているつもりなのであろうか？いや、教育者だとおもいたい。

「同意」の意味を考える性教育を！

こうした中で、不十分な時間ながら年数回、「性教育」の授業・講座を行ってきた。

性教育の中に、「性的自立度のバロメーター」（P.72参照）を取り入れ、性的自立の必要性、そこから紡ぐ人間関係へ、というつながりにしている。

バロメーターの中に「性暴力」の項目も入れて考えさせている。本人の合意を得ずに、あるいは、本人の意思に反して行われる性的言動・行為すべてを性暴力としてとらえ、「デートDVとは？支配とコントロール」などにつなげている。

ここでは、性行動に至る「同意」については、針間克己著『一人ひとりの性を大切にして生きる』（少年写真新聞社）の「同意」を参考としている。

○性行動とは何であるかその意味がわかっている
○社会的にその性行動が「望ましい」か「望ましくない」か知っている
○性行動の起こりうる結果と性行動を行わないという別の選択肢もある事をそれぞれが知っている
○性行動に賛成する意思と反対する意思の両方の選択肢が平等に尊重されるという前提がある事
○意思決定が自発的になされる事
○知的な理解能力を有する事

二人の関係が対等なのかに加え、相手が過去において性虐待や性被害体験がないか、によっても同意の認識は変わってくる。

ある女子生徒であるが、3歳くらいの時に大人から性被害を受け、それが高校生になった今、初めてその意味がわかり、からだが今でも震えてくる、その時の相手の充血した目の色や息遣いまでが記憶に出てくる、という話を泣きながらする。
　"あの時のあの行為はこういう事だったんだ" と気づく事から混乱し、自傷行為・リストカットを繰り返したり、精神を病んでクスリに手を染めるなどの生徒の姿に立ちすくむ事が多い。
　やった加害者の本人は、すでに忘れていて、やられた小さい子どももすでに覚えてはいないだろうとたかをくくってぬけぬけと生き延びている。しかし、どれだけ小さな年齢の頃の被害であっても、受けた方はこのようにこころに傷を負い、言葉にはできない「震え」を持ちながら苦しんでいる。
　「黙っている・ただほほ笑んでいる」、状況を同意ととらえてはいけない。過去に、または幼小時期に、性暴力被害を受けた恐怖の体験が心身を凍りつかせ、意識を固まらせてしまっている場合があるのだ。
　相手が黙って無言でいたから、これを「同意」ととらえてはいけない、「無言」には言葉では言えないほどの深い意味があるのだという事を、中学・高校生のうちから伝えていく必要があるのだ。
　暴力と凌辱の限りのポルノ情報からしか性の「知識」を得ていない生徒たちであれば、今後も「傷つけ」「傷つき」の暴力の関係の再生産と、被害を受けた生徒の「凍りついたこころ」に対する二重、三重の苦しみと痛みの澱が重なっていくだけだ。
　08年、酔った一人の女性を集団でレイプした大学生たちの事件があった。
　「あれは同意だった」と学生の一人が言ったという。なぜ被害者は大きい声で人を呼ばない？なぜ逃げなかったのか？どうして抵抗しない？彼らの同意のレベルは限りなく低く「言い逃れ同意」を前提とするレイプ事件は後を絶たない。決して許されるものではない。
　「こころ凍りつく」被害者の量産を防止するためにも中学生などの早期からの「同意」の教育は必修である。

デートDVと性教育

NOはNOに決まってる!!

　この追求こそがデートDVを引き起こす支配・被支配の関係を見直すキーワードではないだろうか？被害者のこころを凍りつかせ、「凍りついたこころ」を支配するのが、「デートDV現象」であるからだ。
　だから、性教育の目標を「同意とは？」にこだわる意義がある。
　生徒のデートDV意識アンケート結果を見ると、「女の"NO"は"YES"だ」という結果が男子に多く見られる。グラフ（P.76の17参照）を指して、これは本当なのか？授業を受けている目の前の女子生徒に直接聞いてみると、
「NOはNOに決まってるわよ！」
「男子は勘違いが多すぎ！」
と口々に女子が答える。
　一緒に授業を受けている男子が、「えっ？」という表情でそれを聞いている。授業の場面ではこのやり取りが貴重なのだ。「女のNOはYESだ」、男の子が好んで目にするアダルトビデオや風聞にこの言葉は氾濫していて、「やめて、嫌だ」と言われても好きだから何をしてもいいという人権を侵害する事につながっている。学校の性教育で「同意」の授業をしていく中では、こうして性的人権を尊重する「学び直し」が必要なのだ、という意識に変わっていく。
　学校における性教育授業やデートDV防止教育のメリットは、思春期のさまざまな生徒の反応や感じ方のちがいを受け入れつつ、同じ学習をし、同じ知識を啓発する事ができる事だ。それにより、"今、自分のこの言動がデートDV？"である事に気づいたり、友人や周囲の教師たちも、"もしや彼らはデートDVなのでは？"と気づく事ができるのである。
　自分の加害に気づく、自分の被害に気づく、友人や周囲がそれがデートDVだと気づく、この三つの「気づき」を促す事が防止教育の大きな意味である。
　あの性教育があったから、自分たちの中の窮屈さ・おかしさに気づけたし、保

健室に行って相談してみようともおもった、と言う生徒がいるのだ。
　困った時、誰に相談したらいいのか？を日頃こころに決めておく事が大切な事であると伝えておく。生徒たちの相談先は「友人」の場合が多いが、相談を受けた友人がさらに信頼できる大人に「一緒に相談してみよう」と声かけする事が解決につながっていく。
　ショウタの件で、ユカは、必死に保健室まで走って逃げてきて、机の下にもぐって助けを求めた。
　ユウジは「なおせねぇーんだったら口出しすんな！」と捨てゼリフを吐きながらも、翌日にはなぜかまた保健室に顔を出す。
　メグミは、「大丈夫、今は、彼やさしいから」と言いながら、「でもね、こんな事が、あんな事も…ひどいよね」と暴力があった事を話し始める。

束縛とケータイ

　また、ケータイで、始終連絡をとり合っていないと落ち着かない生徒が多い。「今、どこ？」「誰といるの？」「何時に帰る？」
　「校門前にいる」とメールを送った直後、久しぶりの友人と会って、校門からほんの数歩離れただけなのに、彼が追いつきざま「メールとちがうじゃないか！」と友人の前で頬を叩かれた、これはもしや性教育授業で聞いたあのＤＶなのでは？と気づき、相談に来たという生徒がいる。
　数分ごとにメールが着信し、返信が数分遅れるとキレて「〜分後に返信が来ないのはオレに死ねという事と同じ」と脅迫的に返信メールを催促されて勉強する事も部活動も困難になってしまった生徒もいる。
　今、ケータイは、「愛」という名のもと、相手の束縛や管理を強制し、脅しの振幅度を大きくするツールとして「凶器化」しつつある。教室でケータイを手にとり周囲や友人と隔絶した世界の中でデートＤＶの加害・被害生徒は孤立を深めているのだ。
　生徒たちは、彼らなりにこれがデートＤＶとはっきり意識しなくとも、一緒にいると何か息苦しい、楽しくない、会う約束がなぜか辛い、なぜ殴られなくちゃ

いけない？と気づき始め、必死にどうすべきかとあえぎ始める。

しかし、何からどう逃れ、何を「手放す」のかが皆目わからない。

目には見えない「なにもの」かに縛られ、自尊をなくしている状態であるため、相手と距離をおくとか、相手の言いなりにはならない、という事の方が、こころの負担が大きいし辛い事であるのだ。

彼と距離をおいた方がいいのでは、と私に言われて、"なんて事を言うんだ、そんな事をしたら彼は死んでしまうのに"とこころを閉ざした生徒もいる。

ユウジの件のミチは、彼と距離をおく事を極端に怖がった。離れる事で見えてくるものは、彼らにはひどくおそろしいなにものか、なのだ。

次の日も学校に来る。保健室に顔を出す。どうにかして「なにもの」かから逃れたいのだとわかる。

なぜ、別れられないのか？

保健室の「身近にいませんか？」（P.12 参照）の掲示物前で、ふざけながら自分たちがＤＶに当てはまるのかチェックしていた生徒カップルは、しかし、それで自分たちがＤＶの関係である事を納得し、どうすべきか？などというところまで理解しているわけではない。男は男で女は女で「恋愛」至上主義のカップル幻想にはまっているからだ。

カップルでいる事が幸せであり、一人でいるのは孤独でさみしいと思い込んでいる。一人でいる事のさみしさから「恋愛」に依存しているのだ。

彼のやさしさと暴力の揺れ動きの間で"何かが変"と気づいていても、しがみついていく。

"この人が私の彼氏""彼氏持ちの女""オレの女""オレが落とした女"という見た目のカップルステイタスとジェンダーバイアスが支配・被支配の牙をむいておそいかかる。

そのため、気づいた周囲の友人や教師の助言があるほどに、被害生徒は離れていき孤立し、そむいていく。自尊心・選択能力を失っているためだ。
　「暴力」を男らしさ、「管理・束縛」を恋愛、だと思い込む。
　私には彼しかいない、彼こそが私のすべてを知っている、彼の機嫌をそこなってはいけない、と彼の一挙手一投足に全神経を注ぎ込む。
　ユウジは振りあげた椅子の矛先を暴力を止めようとする担任に方向を変えてこう叫んでいる「オレたちの問題だ、なぜ邪魔をする！」と。
　自分たちの「恋愛」のこれは形なのだと信じて疑わない。そして二人がいざこざの騒ぎを起こす度に周囲の友人たちは言う。「アツアツね」。まわりの訳知りの大人の口癖は「恋愛ってそんなもんよ」と。当事者の生徒らは、一人でいたい時にいられる自由、別れる自由、会う自由、と引き換えに、自分の意図するしないに拘わらずカップル幻想の"しばり"に巻き込まれて抜け出せない。

それって恋愛!? デート作法度チェック表

　次に紹介する表は甲斐あんなさん（県立高校養護教諭）の作成「デート作法度チェック表」である。私は甲斐さんがこのチェック表を作成された意を汲みながら「なぜ、別れられないのか？」という原因を話す時に、このチェック表の「恋愛とは？」の意識と同じである事につなげて生徒たちに示している。

　甲斐さんは次のように「デート作法度チェック表」を解説している。

　この「デート作法度チェック表」は、私の「デートの作法」という授業実践の中で使用しています。この授業実践は「カップルに大切なコミュニケーションを考えよう」というテーマを掲げ、デートDVを学ぶというよりも、カップルのより良い関係を考える事に重点をおいたものです。
　授業の最初にこのチェック表を使用して、デートDVに陥りやすい考え方や思い込みの傾向を〇×でチェックしていきます。チェックしながら、デートDVは誰にでも起こりうる事である事に気づかせます（加害者にも、被害者にも）。「〇」

が多いとか少ないではなく、「○」がひとつでもある事がデートDVにつながる事を説明すると、生徒は強い関心を示します。

　このチェック表を使った授業後の生徒たちの声を紹介します。
○彼に束縛されている友だちがいて、愛されて羨ましいって思っていたけど、そうじゃないんだと気づいた。
○つき合っている彼のクラスへも早く授業に行って欲しい。
○男子には、こういう事をしっかり教えて欲しい。
○自分の気持ちを押しつけないようにしよう。でも自分の気持ちを相手に伝える事は大事。そんな時に話し合いが必要。
○男だから女だからというのはいけない。お互いを尊重して楽しくつき合っていけたらベスト。

あなたの「デート作法度」チェック

そうだと思うものに○、ちがうと思うものに×をつけてみよう

○ or ×

Q1 彼女が彼についていくという関係は、ごく自然だ

Q2 深く愛し合っていれば、お互いの気持ちがわかるはずだ

Q3 彼が彼女を「お前」と呼ぶのは心地よい

Q4 つき合っているのだから、いつもメールや電話でお互いの行動を把握するべきだ

Q5 恋人同士の約束事は何よりも優先するものだ

Q6 つき合っているなら、相手の携帯電話を勝手に見たりデータを消したりしてもかまわない

Q7 暴力を振るわれるのは、振るわれる方に原因がある

Q8 愛されるためには、相手の期待にこたえなくてはならない

Q9 彼が彼女に対して、自分以外の男の子と話すのを禁止しているのは、彼女のことを愛しているからだ

Q10 彼が彼女の髪型や服装に注文をつけるのは、彼女を愛しているからだ

Q11 キスやセックスは、強引に迫った方が男らしい

Q12 セックスする関係なら、彼女はもう彼のものだ

Q13 多少彼女が嫌がっていても、つき合っているのだし、愛していれば、セックスしてもいい

Q14 望んでいないのにセックスしてしまう人はいない

Q15 彼女からの別れ話に彼が「別れるなら死んでやる」と言い出すのはそれくらい彼女を愛しているからだ

「加害」（？）

投影同一化

　加害の生徒は、自分が一人の時はこちらの話や質問には「おう」と言いながら素直になって話にも応じるごく普通の生徒だ。

　ユウジは、話の中で、自分の父親や母親が、小さい頃よく大きな声でケンカし、目の前で投げた物が飛びかっていたという。手をあげているユウジの前でミチが小さくなって怖がっている姿をみて、「まるで小さい頃のオレのまんまじゃねえーか、」とおもった、と言った事がある。

　また、ある生徒は、交際している女子生徒に対し、避妊をせず、数回、中絶を繰り返させていた。なぜ同じ失敗を繰り返す？と責めると彼は意外な事を話しはじめる。
「コンドームをつけようとしていると、そばで彼女が嫌ならつけなくてもいいと言う。つけないとあぶない、と言っても、大丈夫だから、と言う。つい面倒な事はしなくてもいっかー、と防御心が揺らぐ。そして自分自身のからだを守る意識もないまま男のいいようにからだを投げている彼女がなぜか憎くなってきて、避妊しないで溺れてしまう」

　これだけ聞いていると、自分勝手なだらしのない男子生徒なのである。

　以前、雑談の中で、彼は、母子家庭である自分の母親のところに通う妻子ある男の話をした事があった。

　母親が「いつかは結婚する」という男の言葉を信じてずるずると生活している事、そして、小さな頃から自分が寝入った脇でセックスをする母親の声を聞きながら、いつか家を出て行く時に母親に投げつける言葉を胸の中でつぶやいていたという。それは「お前のあの時の声は聞きあきたよ！」と叫んで出ていくという事だった。すさまじいほどの確執と怨念のような母子関係があった。男に生活を依存し、自分自身を持たない母親のこの記憶が、彼の暴力的行為を引き起こすのだろうか？

傷つけられながら、傷つけていく、この事について内藤朝雄氏（明治大学准教授）は『季刊SEXUALITY』32号の著者（高橋）との対談「格差社会とデートDV」の中で、「投影同一化とデートDV」の言葉の説明で次のように言っている。

　　投影同一化とは自分が持っている不全感とか理不尽な目にあって虫けらのようにみじめに屈服したような経験というのが、ふだん記憶のシステムに凍結されているが例えば相手のびくびくした表情の中に惨めだった自分を体験してしまいながら無性にいじめたくなる。凍結された記憶を相手の内側から生きなおす。そして生きなおしている作業の中で、今度はかつて自分を痛めつけた加害の役を自分が生きて、そしてかつての惨めな自分は自分の相手の中に生きさせて自分は強くなった、という風に自己を救済するわけです。

　また、同32号でＤＶ加害プログラムを終了した男性にインタビューをした際に男性がこう言っている。

　　強い自己否定観があって自分を肯定する事がすごく大変な事だとおもっている。また深いこころの闇があって、その闇が何なのか、これを知れば自分の事が見えてくるのではないかと思って追及するほど苦しくなってしまうのです。そしてこころの闇はあるものだ、しょうがない、いつかわかればいいや、これが自分のアイデンティティなんだ、とおもったとき苦しくなくなりました。

　「オレはDV男だよ、なおせねぇーんだったら口出しすんな！」と怒鳴っていたユウジが、徐々に自分がした事を振り返り自分の言葉で話し始めるようになっていた。
　しかし、友人がそばにいたり、誰かがいる前では、まったくわけのわからない

ユウジの態度となる。
友人「オレがユウジだったらつき合ってる女がそんな生意気な口きいたらやっぱりなぐってるぜ！」
ユウジ「そうだろ、それなのにさ、先生らはなんでオレだけを責めるんだよ」
　女の生意気は許さない、そんな女はなぐっていい、謝ったらゆるすべきだろ、いきがる男ジェンダーや仲間意識の生徒たちの中で、デートＤＶ防止の会話はすりぬけていくばかりだ。

のろいのことば

　前述の加害防止プログラムを受けていた男性は、高校時代にもつき合っている女性に対し、大きい声を出したり物を投げたりしていた。それが男らしくて普通だと思っていた。さらに、女性と対等に話したり関わったりする男性をみると、女みたいなやつだな、とバカにしていたという。
　「それってＤＶなんだよ。相手は傷ついているよ」という事をその頃一言でも誰かが投げかけてくれたら、今、大切な人を失う事はなかったとさらに言うのである。
　また、これまで彼らが育ちの中で聞き続けてきた、周囲や親・教師からかけられる言葉のもつ「重さ」がある。
　児童期に好きな子を追いかけたり、相手がいやがる事をわざとしたりする子がいると「あの子が好きなのね、好きだからそういう事をしたがるのよ、思春期にはよくある事」と。

好きであれば相手が嫌がっても何をしてもいい、追いかけたり、いたずらするのは成長する上で当たり前、と容認する時期がある。しかし、この言葉に「でも、いやがっているのだからやめよう」とのフォローはないままである。
　「男は強い」「男の子は泣かない」「腕白な方が男らしい」という男らしさの励ましは、女の子はそうでなくていい、という逆のメッセージが含まれている。男の子らしさの励まし言葉は、知らないうちに女の子を自分の下位と見る感覚が育っていくのではないか？
　私はこれらを「のろいのことば」と言っている。
　幼少時から生活すべてを母親に依存し、母親がいないと成長さえ望めない男の子であったはずだ。いつからどのようにして「母」と同性である女を下位と見ていくのか？おそらく上記のような「男らしさ」の強制だけではないとおもわれるが早くからこの育ち方を見直していく事ができればデートDV防止のヒントの一つとなるのではないだろうか？

どうしたらいい？

　さて、デートDVの加害生徒については、今は相談機関も教育する場さえない。加害防止プログラムに参加し、自らもミーティングルームを持っている男性もデートDVの加害についての相談は受けつけていないという。そのほかDV加害男性の相談機関や団体にも問い合わせてみたが、同じく「デートDVはDVと加害の立場がちがうからね～」といわれた。
　デートDVの加害生徒には支援体制や教育機関がないのに加え、高校生・学生であるという親がらみの生活である事から、相談時や防止プログラムにかかる受講料の支払いが厳しく、プログラム参加時間が授業時間と重なるなどで確保が難しい現実がさらにある。
　「どうしたらいい？」と聞きにきたリョウタなどは、困ったあげく「お寺の坊さんか教会の牧師さんで相談をやってる人がいるらしいよ」という情報を自分で聞き出してきた。しかし、当てはまる該当人物と場所を探したが見つからなかった。"自分はデートDV加害者だと気づいただけでもすごい事なんだよ！"と肩を

たたくところまではいくが、次に紹介する教育機関がない。

　メグミの場合のように、被害者のためのシェルターや相談機関は地域に一つは窓口があり、身近になっている。これとて自分からはなかなか出向けない。相談機関へ連絡できるよう、また、逃げなければならない時のために、相談機関の電話番号を書いた紙に、手持ちから交通費を包んで手渡した事もある。身があぶない、とおもったら何も持たなくていいからとりあえずここに連絡して、駆け込みなさい、と言ってきた。

　しかし、そこへ、前述の共同通信のニュース（P.26 参照）である。シェルターはどこもこうしたデートＤＶの被害者のかけこみで満員であり、しかも公的には何の補償もなく、職員の持ち出しで保護収容している状況であるというのだ。

　ＤＶ防止法による保護や介入手段がないとしたら、想定される事は、加害者による支援相談者自身への不当な暴力に対しての保護救済さえないという事になる。

　だから共同通信のニュースの裏側には、言葉にできない重石があるにちがいない事がわかる。現にユウジは、教室でミチに対する暴言暴力の矛先を仲裁に入った担任に変えて向かっているのだ。

　ユウジたちは、また街の中でも一度この騒ぎを起こし、通行人の通報でパトカーが駆け付けている。

　パトカーが出動するほどのこれは暴力事件なのだ、という意識づけにつながったが、肝心の警官が「くれぐれもけんか騒ぎには注意するように」と言い残してすぐ立ち去っていったという。

　もしかすると、これが「夫婦間暴力・ＤＶ」であればどうであったろうか？高校生の痴話ゲンカに公的機関が立ち入りするほどのものではない、という認識であっただろう。また、パトカーの出現でユウジの暴力が引い

第2章　学校でデートＤＶは防止できるか？

た事も確かだろう。

　学校内においてさえ同じ状況だ。騒ぎを止めに入る担任に対して、その暴力の矛先を変えた時、ユウジは「オレら二人の問題だ、なんで教師が邪魔する、オレらが決着をつけているのに口出しするな！」という言葉であった。

　新聞紙面を覆うデートＤＶの大きな事件では、被害者の家族や友人、相談を受けてきた人たちが矛先を変えた加害者の刃で無残にいのちを落としている。

　被害者を自分の支配下に置く事のためにだけ、加害者は壁を叩き、椅子を放り投げ、大きな声で恫喝し被害者を恐怖で支配していこうとする。これがデートＤＶなのだ。

　「止め」られる事は加害者にとって支配する事を邪魔される行動なのだ。ならば、二人っきりでどこかで密やかに決着をつければいい話ではないか、なぜ教室の人前で騒ぎを起こすのだ。

　ここにユウジの「口出しするな」の言葉のうらに、「なんとか口出ししてくれ、助けてくれ」の声も聞こえる気がするのだ。

　後にユウジは言っている。

　「暴力を振るいながら"オレ、何やってんだろ、おさえられない、なんで怒鳴る？あやまる？あやまるくらいならやるな"と別の自分が言っている」と。

　繰り返しになるが、だからといって、どんな理由があろうとも彼らの暴力を肯定するものでは決してない。

column

「クラスの友だちからも浮いてしまった」サチの場合

　サチはときどき保健室にやって来る、ちょっとした常連さんです。だいたいの原因は同じクラスの木藤との恋愛トラブル。サチは彼氏である木藤の事をいつも思っているのに、木藤がサチの「何か」に怒ってる、無視すると言います。「何を怒っているのか、ちゃんと聞いてみよう」とアドバイスしますが「口をきいてくれない」と言って話し合いにならないみたいです。

　私から見ると、サチは完全に木藤に振り回されているようでした。部活が終わったら必ず二人で下校しなければいけない（方向はちがうが、木藤がサチを自宅まで送る）。そしてその後すぐ電話で話す。おやすみ、おはようの電話はあたりまえ。クラスの男子とはしゃべってはいけない。

　特に、木藤が嫌いな宇佐美とはしゃべってはいけない（宇佐美としゃべった事がバレたときは大勢の人を巻き込んで大騒動でした）。どこかに行くときは許可を得なければいけない。それ以外にも、木藤の機嫌が悪い時はなんだかわからないけれど怒りがサチの方向に向かうので、サチは教室でもビクビクしているようです。友だちとどこかへ遊びに行く事もほとんどありません。木藤優先、木藤が許せばOKだけれど、いつも二人でいるのだからそんな暇はありません。クラスの中でもしょっちゅうけんかして泣き顔だし、相談にのってもあまり意味のないサチに、クラスの友だちもだんだん離れていき、相手にしなくなっていきました。

　「対等じゃないね」と私は木藤に言った事がありますが、「対等の心地よさ」は彼には理解できないようでした。完全な男尊女卑、教員の私とて卑なる女というわけでしょう。私のアドバイスなど聞く耳もたない、という雰囲気を感じました。

甲斐あんな

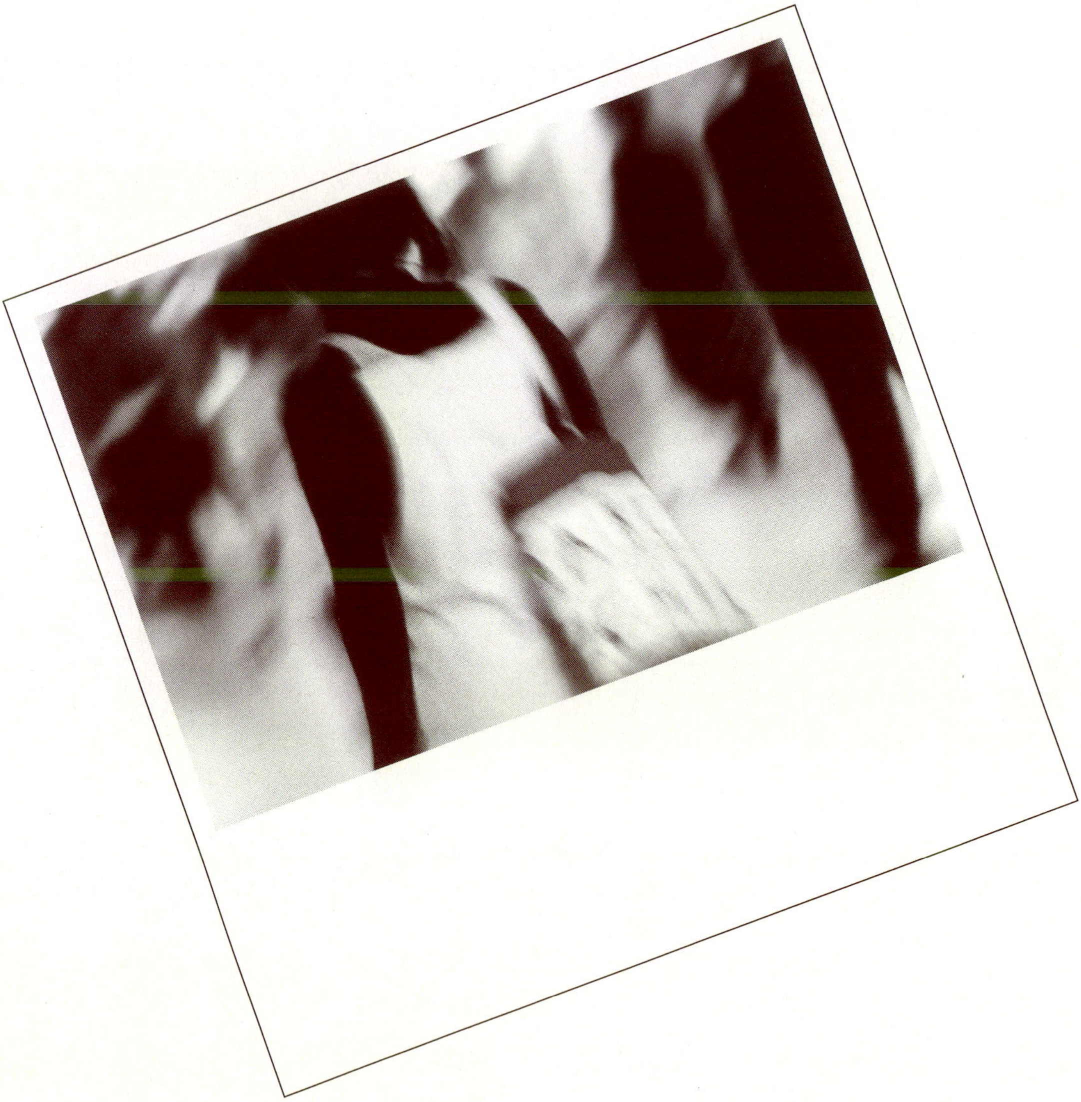

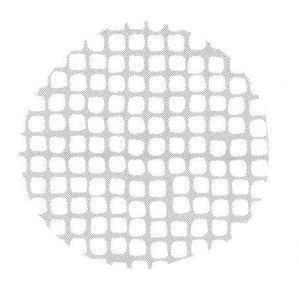

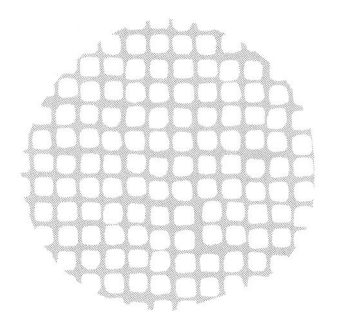

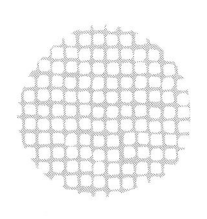

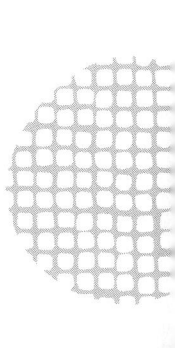

第3章 学校とデートDV、その対応

第3章　学校とデートＤＶ、その対応

ハネムーン期と「金八先生」

　行政・地域支援体制・民間機関の相談活動は、周囲や家族が通報したり、主に被害者やその家族が直接に助けてくれと駆け込んできて、はじめて支援機関の機能が発動する。きょう相談に来た当事者があした来なければそこで支援活動は途切れるか休止だ。そして「駆け込んで来る」、ということ事体、自分が被害当事者であるか、またはそうかもしれないのでは？という自覚をもって駆け込んで来る。

　学校におけるデートＤＶ生徒は、被害・加害の二人が、今日だけではない、明日もあさっても毎日「普通に」登校して来る。これが学校と地域行政・民間支援相談所との対応の大きなちがいであり、ジレンマである。

　「明日も」二人は必ず登校して来る、という事は、実は対応する教師にとって大きなメリットでもあるが、それにもましてデメリットも背負い込む。

　日常の教育活動や授業の日々の教室の中で二人の動向を観察し、騒ぎが起これば授業の合間に対応し、爆発期とハネムーン期の合間のコマを休みなく振り回され、今日の対応は終わっても明日のいつかの時間にまた騒ぎが始まるかもしれない、といういわば精魂尽き果てるような対応が続く。

　今日の対応は十分ではなかった・授業もあるしもう追いつかない、へとへとだ、限界、アウト！というデメリットは、だから、背中合わせで「明日にまわせる」メリットともなる。

　生徒は当然のように「明日」も授業のために登校して来るからだ。

　また、この苦しめている束縛や管理や支配を「恋愛のかたち」だと思い込んでいて、自分たちは恋愛を楽しんでいる（はず）だと思っている。

　二人の生徒のこの恋愛幻想・カップル幻想と対峙し闘う教師たちは、自身の持っていた恋愛幻想・恋愛観・人間観をも打ち砕いていくという自己崩しの闘いでもある事だ。生徒の「デートＤＶ現象」に関わった教師が後でつぶやくのを聞いた

事がある。「生徒の話を聞くたび、これは自分じゃないか」と気づいたと。

　落とし穴は、ハネムーン期だ。この時期は、加害の生徒は、何を話しても約束や決まり事を守らせる事に"はい、わかりました。すみませんでした、オレもどうかしてました。もうやりません"と素直に謝る。「普段」には部活のリーダーにもなる、周囲の人間に対しては話のわかるいい生徒なのだ。

　教師が念を押す。"絶対だね、約束だよ！""はい"。もう暴力は起こさないと言ってるよ、よくわかる生徒じゃないか、やれやれ終わったよ、となりやすい。

　あんな騒ぎを起こした後にこんなに素直に自分のいう事をきいてくれるなんて、と、一瞬、自分がスーパースターか金八先生になったかと錯覚を起こしてしまう。

　翌日に手をつないで仲良く登校してきた二人を見て、更に安堵で胸をなでおろす。

　だが、その日の午後の授業が始まる頃には、人の目を避けてトイレに連れ込み、ひざ蹴りを浴びせたりの巻き返しが巧妙にやられるようになる。この繰り返しがデートDVなのである。

　学校のもう一つのデメリットは、「教育的配慮」が行き届いた学校ほど、暴力行為の警察への通報が遅れる事だ。

　警察をすぐに呼ぶ、という事はさけたいが、生徒やその家族には、教員の防止の言葉がきけずに他の生徒や周囲に対し、被害が広がるときは警察を呼ぶ事もある、呼ぶほどの事件なのだ、という事を日頃から伝えておく事が必要だ。家族にはそのために学校教師たちがどのような日常対応をしているのかを日頃から連絡を密にしておく事が必要だ。もちろん、家族の迎えを待って、生徒を引き渡す対応をとる事もあるし

第3者機関にそのまま引き取ってもらう事もあり得るのだ。
　前述の内藤朝雄氏は、いう。

> 「警察」という言葉だけで、暴力のスイッチが切り替わり、挙げた手をすんなりおろす事もある。
> 　学校の先生たちは、子どもや生徒が「仲良く」ある事が絶対だと指導する。ケンカ両成敗だとかいい、握手させたり、無理に仲良くさせようとする。この指導は変えていいとおもう。「赤の他人」だから仲良くしなくていい、という指導もあっていい。
>
> 　　　　　　　　　　『季刊SEXUALITY』32号（エイデル研究所）より引用

「君たちは、もともと赤の他人なのに、なんでそんなに気を使いながらしがみつく？」と問われ、「そっかー！赤の他人だったんだ」と、これだけでほっとする生徒はデートDVに限らずいるはずだ。
　行動の多様な変更モードを持ち、その切り替えスイッチはこっちがにぎっている。その事を教師たちが共有し伝え合っていく、という事を内藤氏の言葉から教わった。

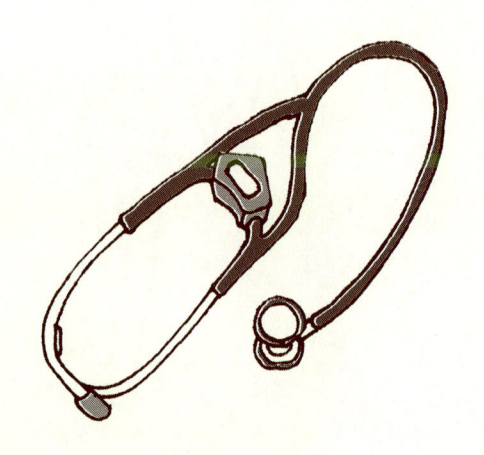

学校教育の最大のメリット

　学校教育の最大のメリットは、予防啓発学習や性教育について全校生徒・教師が同じ内容の知識を得る事であろう。教師も生徒も何がデートＤＶで何がそうでないのか、理解する事で、歯止めとなる事は多い。

　友人に相談する事の多い高校生であるが、「それってデートＤＶじゃない？」「束縛したり、管理したりは愛とはちがうんじゃないの？」というような言葉かけができるとしたらしめたものである。深刻な顔をして相談してくる友人に「アツアツね！」などの茶化しは少なくなってくるであろう。

　逃げまわっている女子を、男子生徒が「あいつ来なかったか？」とすごい形相で探しまわっているのをみて、保健室にタマッていた生徒たちが「あの二人、デートＤＶだよ、なんとかしてやれよ、ゆうこさん」などと話すようになる。

　私は、学校でのデートＤＶ防止教育の目的は次の三つであるとしている。

① 「自分が加害行為をしている事に気づく」
② 「自分が被害を受けている事に気づく」
③ 「周りの友人や教師、親がそれがデートＤＶである
　　事に気づく」

学校内でチーム対応を考える

　前述したが、この「暴力と手つなぎ」（ある時は暴力ある時はベタベタとする）を繰り返すＤＶ現象に、教師が一人だけで立ち向かう事は不可能だ。

　デートＤＶは、人権侵害・ジェンダー問題として理解し、対応していく事が重要である。「それって暴力なんだ、いやだ！」と言える強い意志と自尊心を回復する大切さを目的として関わらなければならない。

　支援や教育活動をしている他団体とも、いつでも連絡を密にして、学校だけで抱え込まない事も大切である。

○デートＤＶがなぜ起きるのか？
○何がデートＤＶか
○意識や対応力
○束縛や支配は愛ではない
○逃げる事の大切さ
○暴力から離れたい時どうするか？
○自己肯定観
○性的自立とは？

など教育現場で伝え続けていく事はあまりにも多い。

　ユウジは学校内や授業中の教室での暴力騒ぎを再三起こした事から、初めて学年団・生活指導部・そして養護教諭というチーム体制で対応した生徒である。このチームによる対応活動で得られた事は大きく、何より、デートＤＶの持つ問題認識が教員間に広がりをみせたという事であった。

　これはデートＤＶ一組の生徒の個人の恋愛問題として終わるのであれば、解決への道すじはさらに遠いものとなっていたろう。何より家族・周囲の友人・教員

間の連携・支援組織を巻き込んで動く事で、課題の共通認識、意識啓発・防止のための学習を全校で取り組む時間を確保でき、積極的な解決への道すじとなりえる事を明らかにした。

　横を向いていた教師たちも「デートＤＶとは？」の意識づけにより、なんとか解決しようと気持ちが動き始める。問題意識を共有できる同僚教師が多ければ多いほどチームワークはいい方向へいく。

　デートＤＶ防止講座で全国の高校・大学などを回っている中島幸子さん（NPO法人レジリエンス代表）にも講座を依頼した。

　その終了後、担任たちそれぞれが集まってきて、受け持つ生徒がデートＤＶ状況である事を説明し「解決にはどうしたらいいのか？」など次々と質問していた。

　この時、中島幸子さんは「学校・教師のこうした雰囲気ってとてもいいですね、本当にほっとします」と言って帰られたのである。

支援・防止のためのチーム体制をつくってみよう！

　おおまかではあるがＤＶ防止や当該生徒の支援のために学校がどういう体制をつくったらいいのか、チーム体制の繋がりがどうあればいいのか、誰がどんな動きをして、支援のために何が必要か、を振り返って展開してみた（P.56 参照）。
　もっとも「事」が起きる以前からこの体制づくりが整っている事がのぞましい事ではある。この展開図は学校内におけるさまざまな問題、いじめ、暴力、事件などに対しても応用できるチーム体制となるのではないか。

チームと内容

　教育現場におけるデートＤＶ防止教育および当該生徒に対する支援体制は、教師たちのデートＤＶに対する共通認識と緊密な連携行動を必要とする。
　支援項目は多岐にわたり、生徒間のみならず、保護者・外部支援団体機関、ある時は警察との連携も必要とする場合もあり、教師一人、あるいは担任・あるいは担任団などをしても個別で対応する事は困難である。
　学校では、支援体制を組み、それぞれのセクションが独自に対応しつつ、連携し、ＤＶ生徒の情報について「密接な」共通認識を持ち、問題把握と解決のための総合的な打ち合わせやディスカッションを必要とする。

「チーム支援」教師の共通認識

○デートＤＶを理解している
　　暴力とハネムーン期（緩和）のサイクルが繰り返される事
　　なぜ起きるのか、繰り返されるのか？
　　なぜ、被害生徒は逃げないのか？なぜ別れないのか？（心身ともに支配・被支配の関係）
○「処罰と反省文」のみでは解決できない事
○「わかった、もうやらない」という反省の言葉は翌日には破られ繰り返される事

学校内の支援・防止のためのチーム体制

管理者
・状況に応じて外部との連携（警察ほか）

担任・学年団
・加害・被害生徒対応
・保護者との連絡対応
・問題把握・情報収集（教員の共通認識のための会議を招集）
・授業・教室への影響について対応
・他教科担当との連絡・情報

生活指導部・進路指導部
・授業妨害、器物破損・暴力行為への対応
・面接・観察指導
・他生徒への影響について
・担任と共に保護者対応

＜全校生徒向け＞
デートＤＶ防止教育の企画・運営
啓発ポスター、学習会、講演会

スクールソーシャルワーカー
・専門的アドバイス

生 徒

養護教諭・保健部
・加害・被害生徒対応
・情報収集
・問題把握
〈個人面接〉（生徒と信頼を繋ぎつつ解決の糸口・暴力時の対応）
　○デートＤＶについて
　○暴力が起きそうな時
　○なぜ起きるか？
　○恋愛と束縛は違うこと
　○自尊心、尊重
　○ジェンダーについて
・外部支援団体・機関との連携を図り、助言を得る
・デートＤＶ啓発・防止教育の企画・協力

第3章　学校とデートＤＶ、その対応

加害生徒への対応

○それが加害行為である事を気づかせる。

○加害生徒の暴力爆発時の「強硬的な」制止は暴力を助長させる。制止した者へ暴力の矛先がいきやすくなる。必ずおさまるまで、「待つ」。
　（生徒の言い分→なぜ二人の事に口を出す、他人は関係ない、なぜ邪魔をする）

○加害生徒との話し合い・対応・個人面談は1対1でハネムーン期に。
　（加害生徒の友人などが周りに居たり、相手が同席している場合、逆効果になる。
　→友人たちは、場合によっては暴力に同調し、加担しやすい）

○交際している相手以外の友人や部活動、その他の関わりについては、友好的な生徒であるので、会話の中にその彼の持っている良さをポイントとして活かしながら「加害」に気づかせる。

○支援団体や組織、支援者とはいつもつながっている。

○いつでも警察への通報が必要である事件である事を教師も生徒も知っている。

○生徒は「恋愛」依存である場合が多く、恋愛だからこそ束縛し繋ぎとめ支配しようと暴力を引き起こす。
　だから、初めから行為を否定したり、おかしいのでは？と言葉にすると拒否反応を起こし話し合いの場に来なくなる（指導の継続ができない）。

○家族にも支援の意義を理解してもらう（ケータイの取り扱い・暴力時の対応、生活指導・警察の力）。

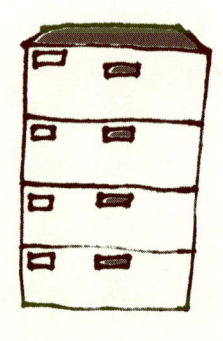

被害生徒への対応

○その行為はデートＤＶであり被害を受けている事に気づかせる。

○ぶつかった、おちた、転んだなどという青アザや打撲のある場合、慎重に対応する。「転んだというより叩かれたようなアザだね」などというとあっさり話す事がある。

○友人が付き添いでいたり、ともすると相手の加害生徒が同行している場合、質問しても話さないか、何もなかったと言ったり、ちがうという態度を示す。この場合無理強いしない。いつでも来てね、といって次回につなぐ。

○本人が親に事情を話している場合は、親とも連絡を密に取り合う。話していない場合には、校内で暴力行為に及んだ時は、早退したり他に避難する事もあるので、保護者にも伝える必要がある事を理解させる。

○相手とは恋愛をしていると思い込んでいるので、早急に「別れた方がいい」の助言は控える。この教師は私たちを別れさせたがっている、と受けとり話し合いの場に来なくなる。

○相手が爆発する予感がしたら、その場から離れる事を約束する。

○あなたは決して悪くない事を話して自尊を呼び起こす。

○もともと相手とは「赤の他人」である事を理解させる。

○"暴力的な彼が好きなの"といったりするので、その時の尊重の意味を伝えてみる。

○地域のシェルターや支援センターとの情報交換や連携をいつも欠かさないでいる。そして助言や支援を受ける事がある事を本人に話し了解を得ておく。

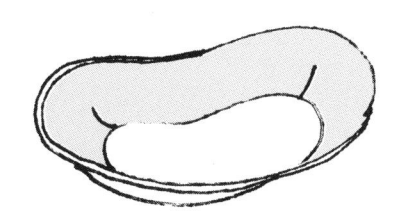

学校の指導・メリット・デメリット

メリット

- ○"あした"（明日）がある。
- ○デートDVについて、全校生徒に対し広く授業や防止教育ができる。
- ○それにより、当該生徒はもとより、周りの友人・クラスメートたちもそれがデートDVだと知る事ができる（共通認識）。
- ○加害生徒のハネムーン期に防止のための話し合いができる。
- ○教員が被害・加害生徒両方に関わる事からデートDVについて学ぶ事が多い。
- ○生徒に関わりながら教師自身も「恋愛幻想」「カップル幻想」から自己解放されていく。

デメリット

- ○"あした"（明日）がある。
- ○「生徒指導」的扱い（反省文・処罰など）で終われば、デートDVである事による繰り返し現象や支配・被支配などである原因は、理解や認識のないまま終わり、その後もDVは繰り返される。
- ○繰り返される終わりのない対応に教師は心身共に疲労する。
- ○「教育的配慮」が緊急事態察知を遅らせ、警察への通報を遅らせる場合がある。
- ○教員が「金八先生」「スーパーマン」に陥りやすい。

column

「気づいていたのに抜け出そうとしない」ナホの場合

　頭痛を訴えて来室していたナホのケータイが鳴ります。画面を確認してため息をつくナホ。事情を聞いて見るとメールは彼氏からで、メールの返事がない催促。ただいまケンカ中で、その原因はメールの返事が遅いとかそういう話が発端。メールの返事がちょっと遅れると怒るんだよね、と。「でも、今授業中だし、普通ならメールできないでしょう」と言うと、「そう、授業中とかさ、いろいろこっちにも事情があるじゃん、でもそういうの通じなくて、関係なく怒るの。『シカトするな』って。もうホントにうっとおしい‼めんどくさい‼」。すると別の用で来室していた同級生のヨウコが言いました。「じゃあ、別れちゃえば？」

　「そうだよね、そうなるよね。実はちょっと前に一度別れたの。でもまたよりが戻ったの。別れるとさみしいし、やっぱり好きだしって思って。で、今また悩んでる。やっぱり別れた方がいいかなあ…」。彼との関係が苦しくて、別れようかどうか悩んでおり、友だちもみんな「別れた方がいい」と言ってるし。

　ナホは学校に内緒で最近アルバイトを始めた事を告白。バイト先を聞くと、チェーン店のケーキ屋さんでした。時給も安い。「なんか似合わないねえ〜もっと元気のいいところかとおもった。焼き肉屋とかファミレスとか。それに、時給すごい安いじゃん⁉」と言うと、「彼氏が選んだ」と言うのです。「男が来ないところにしろ」そう言われて決められたそうです。

　確かに店員もおばちゃんかお姉さんだし、お客も女性客がほとんど。彼氏の着眼点に脱帽だけど、それってどうなんでしょうか。彼はナホを自分だけのものにしておきたい、心配でしょうがない。その気持ち、わかるけれど、もっとほかの表現方法はないのでしょうか。

　息苦しい恋愛をして、彼氏のうっとおしい束縛に耐え、彼氏に気を使い、彼氏が決めたバイト先で地味に働いています。

　そして、それが「ＤＶかも」って自分でも気づいているのに、そこから抜け出そうとはしません。「たぶん、他人にそれおかしいよとか、別れた方がいいよって言われても別れられないんだよね。ＤＶってそういうもんだよね」とヨウコが悟ったように言いました。甲斐あんな

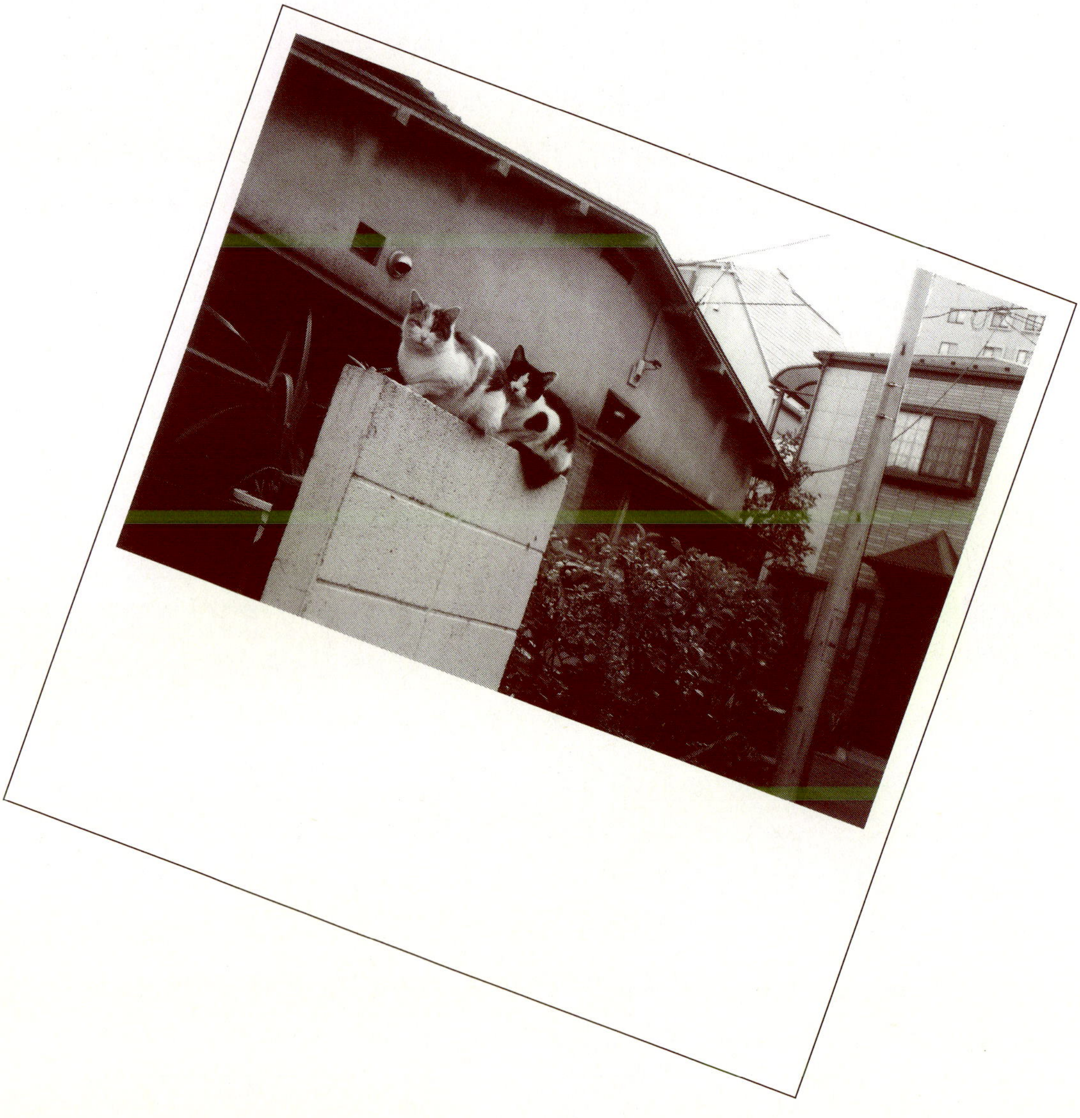

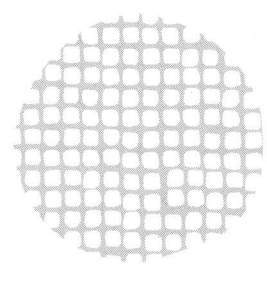

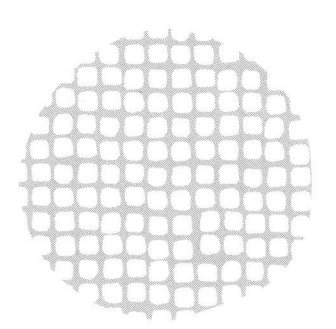

第4章 「人権としてのセクシュアリティ尊重度」を確認してみよう

第４章「人権としてのセクシュアリティ尊重度」を確認してみよう

　教師が学校における「デートDV」の理解を深め、問題に対応していくためには、人権意識、ジェンダーバイアス、性的権利などをいかに重要視しているのか、という教師自身のセクシュアリティの確認・問いかけがまず必要だろう。
　「デートDV現象」に含まれる支配・被支配的「恋愛」やさまざまな形の暴力には、対等な関係性や人権問題としてとらえながら、セクシュアリティの事実と真摯に向き合う事が要求される。世間的な「いまどき若いもんの恋愛」「たてまえ論・道徳論」だけでは到底立ち向かえない難しさがある。

　1、6、7、は生き方や教師としての全体の資質に触れている。
- 「DVは悪い事だ」と生徒に諭しながら自身のパートナーに対する態度はどうなのか。
- 自身は性役割を固定したまま、対等な関係を生徒に語れるのか。
- ニュースによく登場する教師のわいせつ行為や児童買春、ポルノ関与はないのか。
- 生徒の人権を踏みにじった問題事例を起こした教師に対し、本当はいい先生なのに…など擁護してはいないか。
- 目の前のセクシュアルマイノリティの生徒に対しきちんと向き合っているか、差別的な言動をしていないか。

などは、教師のジェンダーバイアスについても触れる問いである。

2、3、4、5は各論である。一つひとつの項目は、長い教師生活の間に実際に出会った教師の言葉や行動、生徒の被害体験、不安や疑問、事実から提起する項目である。
　この確認項目の試案は"人間と性"教育研究協議会・山本直英氏の「性的権利」を基にしたものである。この試案へ10数年前から、子どもの現実・ニーズ・教師の実態、子どもとの意識かい離など教育問題として直面した著者(高橋)が、その都度現実に即して修正加筆を重ねてきたものだ。

　人権としてのセクシュアリティ尊重度項目を確認していく中で、生徒に起きている「デートDV現象」に対し敏感になり、性暴力による「傷つき」に対する「気づき」の視点が得られてくるはずである。
　この「人権としてのセクシュアリティ尊重度」は、「多様な性と生」「高校生の性行動」「性とプライバシー」「性暴力」などをとらえる際に共感・感性を促すと共に、一つひとつはそれぞれの事例に応用可能な項目でもある。

「人権としてのセクシュアリティ尊重度」チェックシート

❶ 人間に対する態度はどうか

- ☐ 自他のいのち（自尊）・心身を尊重しているか
- ☐ 個性・主体・可能性を認めているか
- ☐ 思想・自己表現・判断力を認めているか
- ☐ プライバシーを尊重しているか
- ☐ 自他に責任のとれる言動をとっているか

❷ 性に関わる差別をしていないか

- ☐ 男と女によって性行動の評価をちがえていないか
- ☐ 性行動のあった中・高校生を許容できるか
- ☐ 高齢者・障害者・ＨＩＶ感染者などのマイノリティの性行動を 無視・軽視していないか
- ☐ 多様な性と生（セクシュアルマイノリティ）を認めているか

❸ 妊娠・出産・育児と労働に関して理解と援助はあるか

- ☐ 結婚に対して偏見を持っていないか（未婚・既婚・離婚・再婚・適齢期・同性婚・非婚）
- ☐ 多様な家族を認めているか
- ☐ 性役割を固定していないか

❹ 性行動を選択する個人の自由（性的自己決定）を認めているか

- ☐ 自慰について否定や抑制をしていないか
- ☐ 10代の性交を「不純異性交遊」などという 言葉でとらえていないか
- ☐ 中・高校生の性行動を管理しようとしていないか
- ☐ 性行動を個人のプライバシーとしてとらえているか
- ☐ 産む・産まないを当事者の自己決定としているか

❺ 性暴力をおかしていないか

- □ 性感染症にかからない・うつさない配慮をしているか
- □ スクール・セクシュアル・ハラスメント、買売春、レイプ、児童ポルノなどで、生徒の心身を傷つけていないか
- □ デートＤＶ・ＤＶなどを繰り返していないか
- □ 望まない妊娠・中絶を繰り返させていないか、または繰り返していないか
- □ 性の商品化をほのめかしていないか

❻ 性を人権として見ているか

- □ ふれあいの性を無視していないか
- □ 性器や性欲を軽視していないか
- □ 性を人格と関わりない下半身のこととしてとらえていないか
- □ 固定化された母性・父性を強調していないか

❼ 性を学ぶ権利を認めているか

- □ 性を学ぶ機会や、教材・書籍を奪っていないか
- □ 学習の機会をつくっているか
- □ 性に関する表現の自由を制限していないか
- □ 社会事情・文化のちがう国や民族のセクシュアリティを学んでいるか

「ある日の保健室」
コウコウセーの恋愛言いたい放題！

質問1 「恋愛って、言ってみればさー」

◆男子
○面倒くさい事、ダルイ事　○ゲームだよね〜しかもタイミングだよね〜
○結婚したら終わりって事　○幸せな事、いろんな事が学べる
○ギャンブルみたいなもの、自分が本当に好きな人が自分の事を好きな事なんてそんなにないし、かなり運があるとおもう。

◆女子
○考えてもわかりません　○一瞬にして毎日が変わる
○めんどくさい、でもやめられないし、幸せ　○だましあいの連続
○恋するって、自分に恋してるようなもの　○男と女の戦争
○難しい、つらい事が多すぎ、でも、やっぱり楽しい。

質問2 「いい恋愛、悪い恋愛ってあるのかな？あるとしたらどんな事？」

◆男子
○どんなに楽しかったつき合いでも、別れ方が悪いと、いやな思い出になる
○いい恋愛は追われる立場、悪い恋愛は追う立場
○長つづきしてるのがいい恋愛、悪いのは気持ちが続かない
○いい恋愛は何事もなくうまくいく事、悪い恋愛は子どもができちゃう事
○相手に依存するのは悪い恋愛
○いい恋愛は、セックスできる関係、悪い恋愛はセックスしたくない関係
○いい恋愛→思いやりのある恋、悪い恋愛→からだ目的の恋

◆女子
○う〜ん、いい悪いってあるけど、言葉にしにくい
○いい恋愛は相手に依存しあわない事

- ○いい恋愛は自分がしあわせっておもえる事、悪い恋愛は自分が疲れる事
- ○よい経験になったらそれはすべていい恋愛
- ○いい恋愛は「素」でいられる、悪いのは自分を「偽る」
- ○いいのは毎日笑っている、悪いのは毎日泣いている
- ○いい恋愛は相手を信用できる、悪い恋愛は相手にだまされる
- ○いいのはグッチの財布をプレゼントされる事

質問3 「恋愛での、ボクの失敗、ワタシの失敗」

◆男子
- ○あまり好きじゃないのに、彼女がほしくて、告白してくれた人とつき合ったが、結局2週間でダメになっちゃった
- ○すべてが失敗だった　○時間は元にはもどりません
- ○ゴメンナサイ！ほっときすぎた
- ○深い気持ちもないのに、つき合うのは相手にも悪いし、自分も後で絶対後悔する

◆女子
- ○相手をおもいやる事ができなかった　○依存して相手に負担をかけた
- ○思い込みで好きになっていた時期があって後から好きでなくなった。思い込みで周りが見えなくなるのには気をつけよう！
- ○突っ走って恋なんかしちゃだめ！後でこころに大きな害を及ぼす事に、いや今及ぼされている

質問4 「ラブラブな事や意見なんでも」

◆男子
- ○本当に人を好きになるのは大事な事です
- ○彼女は無理をしたり自分のこころに嘘をついてまでつくるものじゃない
- ○誰でも本当のいい恋をしてほしい、本当に"好き"というものを感じてほしい
- ○人は子孫を残すために生まれたのです。
- ○うちのさくらちゃん（犬）とたわむれるのが幸せ

◆女子
- ○何のためだろうねえ、つき合うのは？
- ○恋してまーす、うまくいきませーん、悩んでまーす

第4章　「人権としてのセクシュアリティ尊重度」を確認してみよう

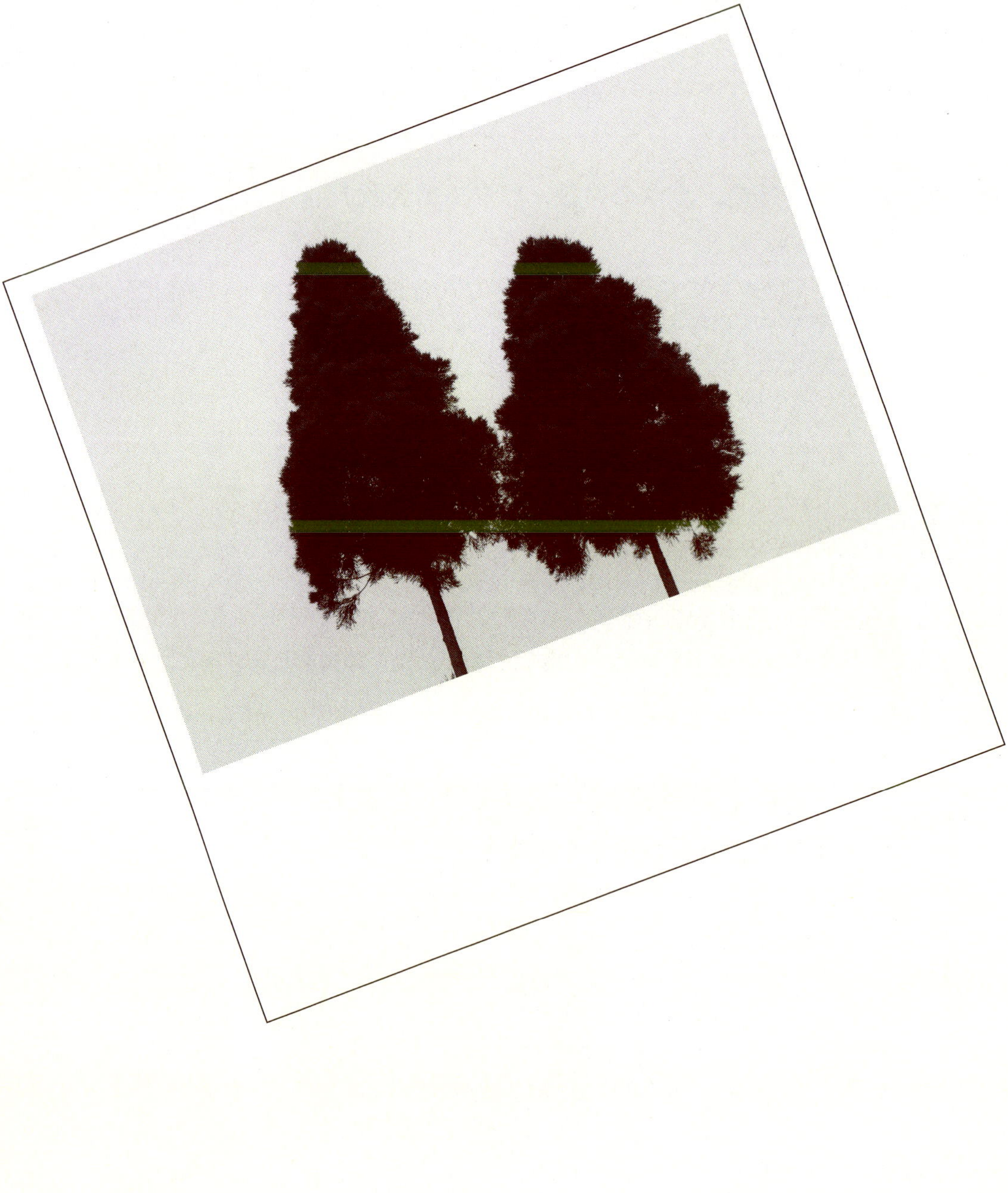

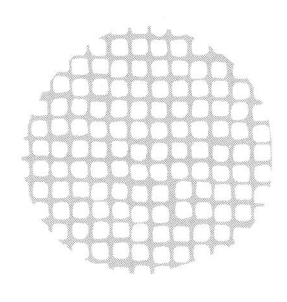

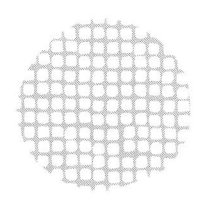

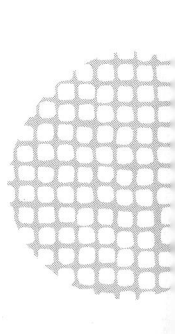

第5章　実践「性的自立度のバロメーター──デートDV編」

第5章　実践「性的自立度のバロメーター―デートDV編」

>　実践「性的自立度のバロメーター」
>　　　－デートDV編－
>
>　　　　（中学・高校生用）
>
>　　　　高橋　裕子

実践にあたって

　これは主に、中学・高校生向けのデートDV講座用資料です。性暴力、デートDVにかぎらず、私はすべてこの「性的自立度のバロメーター」から発展させる授業をしています。

　デートDV防止授業であっても性暴力・デートDVだけを突出して話すことはしていない。「多様な性と生」の授業や、からだ、性行動、避妊についても、すべてこの「性的自立度のバロメーター」を基本に発展させて話している。

　一つの重要だとおもわれるキーワードだけをひっさげてみても、「性的自立度のバロメーター」項目の「枝わかれ」の一本一本が、複雑にからみながら性のトラブルや「傷つき」を引き起こしているのが現実だからです。

　自分は何も関係ないし何のトラブルもない、とおもい込んでいる生徒も、授業を受けながら、性的自立はこれまでの生き方とこれからの自分の生き方につながることなのだと生徒自身が気づき始めます。

2

```
性              ｜自立とは｜
的
自   ⇔ 社 会 的 自 立（労働・役割・市民権）
立     ↑
（    ⇔ 生 活 上 の 自 立（衣食住の情報・技術）
性
的     ↑
自   ⇔ 精 神 的 自 立（責任・選択・判断能力）
己
決     ↑
定   ⇔ 身 体 的 自 立（自己理解と自認）
能
力
・
創
造
的
な
人
間
関
係
）
```

◆2 社会的な自立まで達し、地位も仕事も得ている大人、例えば大学教授や教師、警察官、政治家、保育園経営者までが事件を起こします。わいせつ行為や痴漢、レイプ・児童ポルノ・強姦など性的な事件を起こしてニュースや報道を騒がせていることをみなさんはどうおもいますか？性的自立（人権）は身体的、精神的、生活、社会的自立と共に「並列」で成長します。ただし、この性的自立だけは人権として意識的に学習しないと身についていかないものなのです。

3

あなたの性的自立度は？

4

1
自分や相手（異性）の身体の事を
よく理解しているか？

* 内性器・外性器
* 射精（しゃせい）のしくみ
* 月経（げっけい）のしくみ
* 自慰（じい）（男の子の、女の子の）
* 妊娠（にんしん）（起因・経過・予後）

◆4 自分やまわりの友だちがどんなからだなのか？からだの中のしくみや働きはしってますか？男子の射精、女子の月経は大切な性徴です。どのようにして起こるのか、またどんな意味があるのか自分の事・お互いの事を知る事が大切です。どうですか？

5

「射精」

* 思春期から青年期の男子は、もっとも精子をつくり出す機能が活発といえる。

* 個人差があり、みな同じではないが、ほとんどの男子は内部からつきあげてくる性欲との葛藤（かっとう）に直面している。

* 射精が快感と共にある事から罪悪感を持つ人もいるが、決していやらしい事でも悪い事をしているわけでもない。

* それだけが自分のすべてではないし、それ以外の自分もしっかりあるわけだから。

6

マスターベーション

① マスターベーションの回数が多い少ないで悩む事はない
② しなければいけないという事ではない
③ 精液がからだの中にたまる事で身体に害を及ぼすという事はない
　（人間のからだは池や泥沼と同じで自然な吸収機能がある）
④ 休みなくつくり出されているが、射出がなければ、やがて分解して体内に吸収される。
⑤ あふれた精子は尿道に押しやられ尿に混じって排泄される。さらに精嚢（せいのう）には自然にあまった精子を分解する働きがある。

村瀬幸浩著『男性解体新書』（大修館書店）より

◆6　マスターベーションは男子にとって歯みがきや洗顔と同じく日常の生活動作としてとらえていく事。男子が主に性教育本として手にとるエロ本やネットでは、射精しないと精神的におかしくなるというように脅迫的に書かれていたり、間違った情報に振り回されることが多い。それが、つき合いや恋愛の中で豊かであるべき性を阻害する要因ともなり、暴力的な性へのきっかけにつながることから科学的に伝えたい。また女子の自慰も「自分のからだを知る」「主体的に関わる」などの意識形成として肯定的にとらえられるよう話す。

7

基礎体温（きそたいおん）とは

月経や排卵（はいらん）などの
月経周期（月経の一日目から翌月の月経の前日）に一致して
低温期と高温期を規則正しく繰り返す。
これを基礎体温といい、
婦人体温計で毎朝測り、グラフにしてあるものを
基礎体温表という（女の子のからだのめぐりを知る）

① 月経の予定日・遅れている原因がわかる
② 排卵の有無・排卵日
③ 妊娠しやすい時期・妊娠の有無
④ 異常出血を見分ける

8

正常な基礎体温表

◆7　女子は、月経が始まってから閉経までの長い間、妊娠したり疾病がない限り、基礎体温は毎月低温期と高温期を繰り返し、月経予定日・排卵日を予想する事ができる。体温を計り、表をつける事により、自分のからだのめぐりに主体的に関わることでからだの大切さやいたわる事に気づいていく。また男子にとっても女子のこうしたからだのめぐりの日々の繰り返しに関心を持つことにより、いたわりの気持ちを持つ。

9

2

一人でも生きていく力があるか
（選択能力・意見表明）
生活力で
精神力で
経済力で

10

3
人と生きがいに結びつく関係をつくれるか
・自分とパートナーシップのある人がいる
・自他にプラスの人間関係をつくろうとしている

◆11 対等ということとつなげてデートDVや性暴力への学習の伏線とする。小さい頃から母親に依存し母親の気遣いや手助けなしでは成長できなかった男子がいつから何をきっかけで母親と同じ女子を下位に見ていくようになるのか?「男は泣かない」「男は強い」「腕白の方がいい」など男子への励ましメッセージが女の子はそうでなくてもいい、という逆メッセージとなり、自己肯定の過程で下位と見ていくようになるのか?

11

4
人を敬愛(けいあい)する事ができるか
(男)女を蔑視(べっし)しない。
　　　対等とおもっている
(女)男にへつらわない。
　　　対等とおもっている

12

5
自分の性と生を誇りにおもい、肯定できるか
1)生まれてきて良かった(自己肯定)
2)他人の性と生を受容できる
3)マイノリティの人たちと共生できる　※マイノリティ→少数者・弱者
・社会的マイノリティ
　障がい者・高齢者・HIV感染者・在日、外国人
・セクシュアルマイノリティ(性は多様である・一つではない)
　同性愛・性同一性障害
　インターセックス(性分化疾患・半陰陽)

◆12～14 セクシュアルマイノリティについては必ず目の前の生徒の中にいることを前提に話す。性自認や性的指向はもともと多様であること、さまざまな人がいて当たり前であること。

13

性の4つの指標(しひょう)
① 社会的性　ジェンダー
② 性自認(せいじにん)　ジェンダーアイデンティティ
③ 生物学的性　セックス
④ 性的指向　セクシュアルオリエンテーション
　異性愛・同性愛・Aセクシュアル・バイセクシュアル・・

セクシュアリティ

	異性愛 (ヘテロ)		同性愛 (ゲイ レズビアン)		性同一性障害 (トランスジェン ダー・トランスセ クシャル)		インターセックス (性分化疾患)		
	男性	女性	男性	女性	男性	女性	男性	女性	限りなくグラデーション
生物学的性	♂	♀	♂	♀	♂	♀	♂	♀	
一般的服装パターン	♂	♀	♂	♀	♀	♂	♂	♀	
アイデンティティ	♂	♀	♂	♀	♀	♂	♂	♀	
性的指向(性の選択)	♀	♂	♂	♀	♀	♂	♂	♀	

限りなくグラデーション

14

性や性別に悩む子どもたちの「声」
身体の性別に違和感を覚えた時期(岡山大学調査) 2010年2月 毎日新聞
　小学校入学前　　52.3%
　小学校低学年　　15.6%
　小学校高学年　　12.0%
　中学校　　　　　10.3%
　高校以降　　　　 8.3%
　不明　　　　　　 1.5%

GIDが思春期に及ぼした危機
　不登校になった　24.4%
　自殺を考えた　　68.7%
　自傷・自殺未遂　20.6%

同性愛者6000人調査から自覚時期(2000・日高康晴)
　なんとなく自覚　13.1歳
　異性愛でないかも15.1歳
　ゲイをはっきり自覚17.1歳

同性愛思春期危機
　自殺未遂　　　14.0%
　自殺念慮　　　64.0%
　強い不安傾向　66.4%　(10代でもっとも高い)

第5章　実践「性的自立度のバロメーター」　75

15

6
人を傷つける性交・つき合いをしていないか

① 嫌がる相手と性交しない … 性暴力 へ

② 自分本位の性交をしない … 人権侵害 へ

③ 無責任な行為となる性交をしない
　　　　　　　　　　… 性感染症 へ
　　　　　　　　　　　望まない妊娠 へ

16

性暴力とは

本人の合意を得ずに、あるいは本人の意思に反して行われる性的行為・言動のすべてをさす。

肉体に関わることだけでなく、精神・人格にも深く関わる。
デートDV（恋人や親しい間柄の間でおこる）・レイプ・ドメスティックバイオレンス（DV）・セクシュアルハラスメント・性虐待・ポルノ・痴漢・買売春・など。

17

デートDV意識調査100人
　　　　　　　2006・7　都内A高校
① デートレイプなんてそんなにおきるわけがない。大人の話だ
② デート中に暴力をふるわれる女なんていない　③ 一度セックスしたら「彼女は俺のものだ」と思っていい
④ デートでレイプされるなんて、その女が悪いんだ　⑤ 暴力をふるわれるのはその女が悪いからだ
⑥ 暴力はお互いに嫌いになって別れそうになったときに起きる　⑦ 女の「No」は「Yes」だ
⑧ 相手をバカにしたり、おとしめる事を言ったり、怒鳴ったりするのは暴力にはならない
⑨ 暴力をふるう人は精神病者だ　⑩ 好きな相手の行動をしばるのはあたりまえ
⑪ 避妊だとかで、ゴムをつけるなんて格好悪い

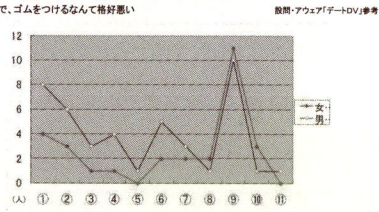

設問・アウェア「デートDV」参考

18

デートDV → あなたはどうでしょうか？

交際している、付き合っている、親密な関係にある若者（中学生・高校生・大学生など）の間で繰り返し、意識的に行われる暴力をデートDVといいます。

力のある者から弱い者へ、主に男子から女子にたいして（女子から男子へ、同性間でもある）行われる

「支配と力によるコントロール」
↓
されている側は徐々に
「自分で自分の意思を決める判断能力」「自尊」を失っていく

19-

◎ 身体的暴力ー物を投げつける。つかんでゆする。腕にあざがつくほどつねる・つかむ。部屋からでないようにさえぎる。髪の毛をつかんでひっぱる。タバコなどをおしつける。（これらの行為をやろうとするパフォーマンス）

◎ 責任転嫁ー「おまえがおこらせるからだ」「おれはお前の事を考えてこうするんだ」「愛しているからだ」といって暴力を正当化する。

◎ 孤立させるー相手が、する事や会う人、話す友人、行き先などを規制して行動を制限し、孤立した状態にさせる。ケータイを勝手に見てメールをチェックしたり削除する（携帯をツールとして相手の行動管理・制限）。

◎ にらむ・舌打ちなどでおどしたり、言う事をきかないとどうなるかわからないといってこわがらせる・壁やドアなどに物をぶつけたりして大きな音を出す。

20

◎ 言葉の暴力ー「おまえはバカだ」「何でそんな事もできない」「デブ」「ブス」「おまえは俺の言う事をきいていればいい」（相手をおもいどおりにするため）わざと「別れる」とか「じゃ、死んでやる」といっておどす。

◎ 性的暴力ー相手が望んでいないのに"愛している・付き合ってる・好きだから"という名目で、性交を強要する。アダルトビデオやいやらしい写真・雑誌をわざとみせる。避妊（ひにん）をしない。中絶（ちゅうぜつ）を繰り返させる。「セックスさせるなら‥」といって、交換条件を出す。

21

暴力のサイクル

大事であるはずの相手に暴力をふるってしまう人は暴力のサイクルにはまりこんでいるといえます。

緊張の蓄積期 → 暴力爆発期 → ハネムーン期

このサイクルが繰り返される
ハネムーン期が短くなっていく
爆発期の動機はささいなことでもおきる

22

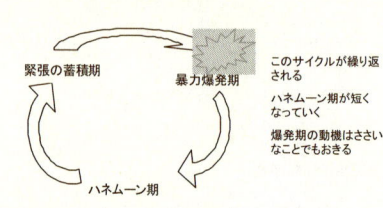

なぜ別れられないのか!?

ヒント
・あなたの「デート作法度チェック」表をみてみよう。

23

「あなたのデート作法度チェック表」

A1）あなたは彼から、または彼女から、暴言・暴力をうけたり、
望まないセックスを強要されたことがありますか？

   ある 男子 6.9% 女子 6.8% （他 4.5%）

A2）あなたは友人や身近な人で、A1のようなカップルをみたりきいたり
したことがありますか？

   ある 男子 29.1% 女子 27.2% （他 31.8%）

24

カップル間のありかたであなたの考えにあてはまるものに○をしてください %	男子	女子	他
1 つきあいはじめたら男が主導権を握るべきだ			
2 いつもメールや電話でお互いの行動を把握しなければならない			
3 彼女（彼）は自分の約束ごとは何より優先すべきだ			
4 つきあってる相手のケータイを勝手に見たりデータを消したりするのはしかたがない			
5 彼女（彼）が、自分以外の男（女）と仲良くしていると思って怒ったりするのは当然だ			
6 彼女（彼）が、自分以外の異性と話すのを禁じているのは愛情表現だ			
7 一度セックスしたら彼女（彼）はもう自分のものだ			
8 キスやセックスは強引に迫ったほうが男らしい、 （セックスしたいといわれたら、その気がなくてもしたほうがいい）			
9 女の子がどうしてもセックスが嫌ならば避けられるはずだ			
10 彼がセックスをしたがるのは愛しているからだ			
11 女の子から避妊を言い出すのは恥ずかしいことだ			
12 女の子からの別れ話はゆるせないことだ			
13 カップル間に暴力なんてありえない			
14 デートしている時、暴力・暴言をうけるのは女の子なんていない			
15 彼のいうことをきかなかった彼女がたたかれても仕方がない			
16 彼が乱暴になるのは、彼女が彼の気にいらないことをするからだ			

◆ 24「あなたのデート作法度チェック表」（P.40 参照）は生徒に授業前に受けさせておいて自分の事として恋愛をどうとらえているかを話すと良い。束縛も恋愛なら当たり前、と考えることで「別れられない」原因につなげている。

25

デートDVは誰にでもおきます!!

そくばくしたり管理される事を「恋愛」だと思い込んでいる限り‥
そくばく・管理→人権侵害
恋愛→相手を尊重する事・自分の自尊心も尊重されている事

◎防止するために
①自分が加害行為をしている事に気づく
②自分が被害をうけている事に気づく
③まわりの友人や親しい人はそれがデートDVである事に気づく→信頼できる大人や親に相談する
④"のろいのことば"に気づく

26

防止するために

⑤恋愛幻想・カップル幻想から離れる

恋愛しないとさびしい・幸せでない、というとらわれ・思い込み依存をしていませんか？
↓
（ひとりが基本！）
↓
性的自立をしている

⑥こびない
⑦一人で生きていけるし、自立している者同士の恋愛
・つき合う自由
・別れる自由
・今一人でいたい自由選択肢をもてる

適度な距離・対等・平等
肯定・受容

27

性感染症

10代の性感染症

 クラミジア   247例
 性器ヘルペス 68例
 尖圭コンジローム 55例
 トリコモナス膣炎 30例
 淋病   9例

（A医院の一年間の受診者から）
2008・HIV感染者過去最多（2009・2朝日新聞より）
男性1049人、女性64人、20～30代の増加

28

性感染症の広がり方
10代から20代の若者に増加

①治療の開始が遅れる
 （知識がない・経済的・考え方）
②症状がないものがあるため、感染者の自覚がない
③次々と感染者を増やし、ＨＩＶ感染をも
 引き入れやすい
 （20代の発病は10代で感染していることも）
④1人との性行為でも、相手がそれまでに
 関係した全員と性行為した事になる
⑤人は誰でもいつでも正直だとは限らない
⑥見た目のかっこよさやかわいらしさと
 性感染症の有無は関係ない

第5章　実践「性的自立度のバロメーター」

29

たった1人との性行為でも、
相手がそれまでに
関係した全員と性行為した事になる

元カレの元カノの元カレを知ってますか？

30

7
望まない妊娠をさけるには

①避妊の知識がなく実行できない場合、性交はしない
②妊娠への合意がなければ必ず避妊をする
③避妊に協力しない人との性交はしない

※ノーセックス

31

避妊の意義

1、いのちへの責任
　そのまま、母胎内で成長すれば赤ちゃんとして
　誕生するいのち
　育てる意思も条件もないのに産むのは
　決してよいことではない。
　いのちへの責任ということはわすれてはならない。

32

避妊の意義

2、相手の生き方への責任
　望まない妊娠はお互いにとってトラブルの元です。
　中絶という結果になる場合はもちろん、
　出産ともなれば、お互いの人生や生き方を根本から
　考えなおさなければならないでしょう。
　男子はもとより身ごもる女子にしてみれば
　なおさらです。

33

避妊の意義

3、自分の生き方への責任
　学業をどうするか？
　結婚する・しない、妊娠する・しない、
　産む・産まない、を自分の生き方の
　中で自己決定しているか。

4、社会への責任
　人口問題など、社会的にも大きな
　意味を持っています。

34

緊急避妊(きんきゅうひにん)法
(緊急ピル)

「性行為の途中でコンドームが破れた」「望まない性行為を強要された」「レイプされた」など、もしかして妊娠したかもしれないと疑いがあるときのための、緊急避妊として行う妊娠防止法です。産婦人科医師への相談が必要です。

服用すると、排卵前の場合、排卵が抑制される。
排卵後に服用した場合、子宮内膜への着床が阻止される。
妊娠を回避できた証拠である出血は、遅くとも 21 日以内に起こる。

方法 ：①性行為後、72 時間以内に2錠服用。
　　　②その 12 時間後に、さらに2錠服用。

35

8
妊娠・出産・子育てに
共に主体的にかかわる事ができるか

（男）女の役割と考えて何もしない・できないと
おもわない。
パートナーとの分担・協力で子育てをする生活を
組み立てる事ができる。
（女）女の役割と考えて自分だけで背負おうとし
ない。
パートナーとの分担・協力で子育てをする生活を
組み立てる事ができる。

36

「相手を尊重する」ってどういう事？
愛するって、何？

つき合ったり、性交に向かう時の
「愛する」には次の3つの意味があります。

① 安全
② 安心
③ 同意

◆36　愛するってどんなこと？と生徒に聞くと実にさまざまな答えが返ってくる。中には「安心」「安全」「同意」に当てはまる声も出てくる場合がある。その声を拾いながらやると楽しい。同意はデートDV防止への重要な意味も含め丁寧に話す。特に「ただほほ笑んでいる、だまっている」は同意ではないこと、これまで性被害を受けたことのある人はこころやからだが凍りついて動かなくなってしまうことがあることを強調して、これからのつき合いの中で気づかいができることへつなげていく。

37

あなたの性的自立度はあなた自身の性的自己決定力です

人まかせにしない生き方してる？

・あなたの排卵日はいつですか？
・性交をしたくないとき「NO」といえますか？
・避妊の意義を知っていますか？
・身近にデートDVにあっている友人がいたらどうしますか？
・デートDVの関係にならないための「気づき3つ」は何でしたか？
・恋愛・カップル幻想にはまらずに一人でいる自由を知ってますか？
・妊娠を望まない時、避妊をしない相手は自分を
　愛していない事、わかりますか？
・性自認と性的指向は多様である事を知っていますか？
・セクハラや性被害を受けた時、誰に相談しますか？

38

・HIV検査や性感染症の検査はどこにいけば受けられますか？
・性行動の相手が性感染症をもっている事がわかりますか？
・性行動を決めるときの「同意」の条件が3つ以上わかりますか？
・愛って何ですか？

　可愛らしく誰かに甘え、周りに嫌われたくない、という生き方してませんか？
　いつも、周囲に流されて依存的に生きていると、自分の行動を自分で選択し、決めようとする性的自立度を高める事はできません。
　まずは、「ひとり」でも生きていける「自分」と「自由」を手にいれましょう！「あなた自身の力と本音」を見失わないでください。

「性的自立度のバロメーター」
授業後の中学生の感想文

○前まで私はからだの大切さに気づいていませんでした。きょう、たくさん学べてよかったです。
○好きだからといって何でもしていいわけじゃなくて、好きだからこそその人を大切にしないといけない事がわかりました。
○今日の話をきいておもった事は、責任などは、性のはなしのみならずこの先の社会面でも精神面でも深く関係がある事に気づきました。

○自分の欲求のためだけに性行為をする事はダメという事に同感した。よく相手の気持ちを考え、二人ではなしあわなければいけないとおもった。質問ですが、産婦人科に相談に行く場合はやっぱり彼氏も一緒についていったほうがいいですか？
○僕はこの授業を受けて、これから生きて行く中では数学や国語なんかよりよっぽど役にたつとおもいました。
○テレビの『ラストフレンズ』という番組でDVが描かれていました。だから、DVはいけないと思っていましたが、そのメカニズムがわかってよかった。

○僕の性にたいする感覚が浅はかだった事が自覚できた。きいておいてよかった。
○男の子ってなんでこんなに性行為をしたがるんでしょう？一回ぐらいでは妊娠しないとか、レイプとか無理やりして本当に勝手だとおもいます。私は今日の授業をきいて軽い気持ちで性行為をしてはいけないんだとあらためて感じられてとてもよかったです。
○同性愛者の立場になってはなしてくれて助かりました、ありがとうございます。

○男・女で悩む事も、しっかり相手の事をわかって接したいです。「デートDV」については、早めに三つのパターン（自分が加害をしている事に気づく、自分が被害をうけている事に気づく、周囲や友人がそれがデートDVである事に気づく）に気づいてそうならないようにしたい。

○加藤タカのゴールドフィンガーってすごいですよね、ぼくはたまにみますよ、ファンクラブもあるんです（「男の子はAVで性を学んでいる、でも主演男優の加藤タカは避妊の意義や性感染症予防のビデオもつくっている」という話に）。

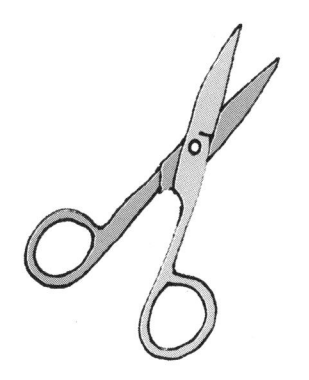

○4つめの「人を敬愛する事の大切さ」は生きて行く上で全ての事に関わるとおもいます。同性愛者の人の気持ちを考える大切さを知りました。

○自分自身のからだが人権であり、大切だという事がわかった。嫌な時は拒否していいし、同意・安全・安心に恋愛できるといいな。

○私は、自分の体は自分でしか守れないと思いました。自分の事をちゃんと考えてくれる人じゃないとつき合ったりできないとおもいました。小学生の時、体をむりやりさわられた事があります。男はわすれたかもしれないが私は今でも脳裏に焼き付いています。今日の話を笑ってきいているような男は本当にクズです。

○ほとんど知らない情報だったり、誤解していた情報だったから今日の授業は一生忘れません。特に避妊のしかたについてはほとんど誤解でした。

第5章　実践「性的自立度のバロメーター」　81

○性感染症や自分の在り方などわからなかった事がしれて良かった。一番よかった事は男女のありかたです。私はつき合い始めた人からの言葉の暴力や身体的な暴力にとても悩んでいましたが、先生の話をきいて「自分にも人権がある」という当たり前の事に気づく事ができました。

○今日の話で初めて知った事は排卵日というのがあって、次の月経の予測ができるらしい事です。私もこれから熱を測って記録（基礎体温表）しようとおもいます。今まで自分のからだの事がぜんぜんわかっていなかった。

○子どもがあんなに簡単にできる事に驚きました。自分は育てる経済力も勇気もありません。だから無責任な事はせず、「愛している」の意味、安心・安全・同意をしっかり頭の中に入れておこうとおもいます。また、今まで友だちに「ホモ」とかふざけて言っていましたが自分の周囲にはその事で悩んでいる人がいるかもしれないので、これから言うのをやめます。

○ぼくたちは、今日学ばなかったら一生これからも知る事はなかったとおもいます。きょう学ぶ事ができてよかった。

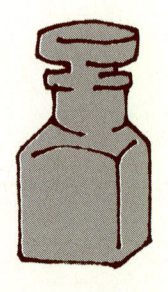

○性の事で悩んでいる年代のぼくたちにとって、今日のお話はとても参考になるものだった。インターネットや雑誌、メディアを通して性に関する誤った情報が簡単に手に入るため、ぼくもその情報に惑わされていたような気がする。やはり正しい情報がなければ正しい判断ができない、とおもいました。

○暴力を受けたらしっかり親に相談して自分でひきこもったりせずに判断したいです。
○お母さんに「セックスしたらダメ」と言われ理由がわからなかったけれど、きょう聞いてよくわかった。
○友達との会話に「彼氏がほしいね」という話が増えました。でも私は好きな人がいなくてあせってつくろうとしてました。でも、そんなにあわてないでゆっくりと考えようとおもいます。
○デートDVという言葉はきょうはじめてききました。性暴力やレイプはからだだけでなくこころにも傷を負ってしまう事がわかりました。

○「男なんだから」「男でしょ、泣かない」というような言葉は確かに女子を差別する事につながっていくなあ、と思いました。あと、マイノリティの人とも共存していくという話が印象に残りました。

○「本音を大切に」という先生の言葉がこころに響きました。私はどちらかというと本音を大切にしているほうですが、していない友達がいる事に気づいたので助けてあげたいです。
○デートDVである事を本人は気づかない事が多いときいたので、自分たちが気づいたらそれを言ってあげたいです。

○今日は、やっぱり差別はいけないとおもいました。ていうか、本当にたすけられました。だって、女子の中で話してたら男子に女みたい、といわれていたので、本当に励みになりました。
○恋愛と聞くと男女で仲良くしている姿を想像するけれど、今日の話をきいて恋愛はそんなに甘いものじゃないという事を学びました。また、男女だけでなく同性愛というものがある、というのは前からしっていたが、テレビなどでそれを笑いものにしたりしているが事いけない事なのだ、と改めて実感しました。

学校現場でＤＶ防止教育は可能か？―全員が知識を持ちサポートを

中島幸子（なかじま さちこ）
NPO法人レジリエンス代表・DVコンサルタント・ソーシャルワーカー。

はじめに

　私が活動をしているNPO法人レジリエンスでは、主にＤＶについての講演・研修・ワークショップを行っています。一般公開の講演もあれば、自治体の職員研修を担当する事もありますが、高校や大学での授業を受け持つ事も多々あります。大人向けの講演では、テーマは「ＤＶ」となりますが、若い人たちを対象とする講演ではデートＤＶについてお話ししています。

　デートＤＶはＤＶと何がちがうのでしょうか。「デート」という言葉が入るので想像がつくと思いますが、デートＤＶは「結婚している関係ではなく、つき合っている間柄で起きるＤＶ」となります。厳密に言えば、年齢は関係ないはずですが、通常デートＤＶと称する際には、年齢的に高校生や大学生を対象としています。デートＤＶはＤＶの中のひとつの形なのです。

私の経験

　デートＤＶの問題は私にとってとても身近な問題です。20歳で大学生だった頃、つき合い始めた相手から４年半の間暴力に遭っていた経験があるからです。今では、デートＤＶという言葉が徐々に浸透し始めていますが、その頃はまだまだ情報が不足していました。そういった状況の中で、私は自分が経験している事がＤＶであるという事に気付きませんでしたし、あまりにも大きな恐怖を感じる毎日の中で、相手から離れるという選択肢は見えなくなっていました。

　結果的には逃げ出す事ができ、その後カウンセリングに通う事で少しずつ自分

の傷つきをケアしてきましたが、経験を振り返る度に、なぜ結婚もしていなく、一緒にも暮らしていなく、子どももいない関係性の中で私は4年以上もの間、逃げようともせず、ひどい暴力に耐え続けたのかが大きな疑問として残りました。

　暴力というものは、法律的に結婚していようといまいと、同じ影響を及ぼします。同じように混乱しますし、離れられないと思い込んでしまう傾向も同じです。若い人たちも、「配偶者」である人たちと同様に非常に離れ難いと感じているのです。しかし、社会では「あなたたち、結婚もしていないんだから、とにかく早く別れなさい」と、いかにも婚姻関係より軽いもの、と見られがちです。そのような差別をするのではなく、デートDVも深刻な問題として対応する姿勢が社会には必要です。

DV防止法

　日本のDV防止法を見ると、「配偶者」という言葉が含まれています。法律が改正され、元配偶者も利用できる法律となりましたが、現段階ではいわゆるデートDVを経験している人たちは配偶者でないため使えない法律となっています。その点で、この法律は限定的な法律といえると思います。今後も改正を行い、日本に住む人々全員が活用できる法律に変えていく必要があります。

　法律がまだこのような状態にあるせいか、どうしても「DVは大人の問題」というイメージが強くあるようです。デートDVについて講演を行った後、高校生の感想文を読むと多くの学生が「DVとは大人の問題だと思っていた」と書いています。デートDVの啓発運動は、このような基礎知識を広めるところからスタートしなくてはなりません。

　さて、今回のテーマである「学校現場でDV防止教育は可能か？」についてですが、答えは「可能」ですし、「積極的に行っていくべきもの」だと思います。なぜなら、これから恋愛関係を持つ人たち、あるいはデートをするようになって間もない人たちが、自分たちの持つ恋愛幻想や関係性を見直し、危険な行為を見分ける知識を得る機会となるからです。デートDVからDVへと移行してしまう前に、自分も相手も大切にする考え方を身につける事で、DVの予防につながる

のです。

　恋愛幻想、という点を一番よく表している現象が、今の若い人たちの間の「束縛」についての見方です。

束縛

　高校での講演で女子高生から質問がある際は、ほとんど「束縛」についての質問です。大概が「本人が束縛される事を希望しているのなら、別にいいじゃないですか」といった類のものです。なぜこのような概念が広まっているのでしょうか。

　ひとつの原因として、メディアの影響があります。テレビをつけると「あんなイケメンだったら、私も束縛されたい！」といったような台詞が聞こえてきます。この「束縛される」という言葉の使い方は「愛される」という意味と同じように使われているようです。しかし、束縛と愛情は正反対のものです。束縛するのは尊重が欠けた行為であるのに対し、愛する事は尊重が含まれている行為です。

　以前、有名な女子アスリートに対してテレビのインタビューで「○○さんは束縛したい方ですか？それとも、束縛されたい方ですか？」という質問がありました。そのインタビューを見てしまうと、まるで選択の余地が２つしかないように思えてしまいますし、健全な関係性には束縛は含まれない、という正しい知識が伝わりません。

　つまり、このような報道の仕方は、誤った情報を流す事になるのです。レジリエンスの講演の感想には「束縛が良くないものだと知ってほっとした。前、つき合っていた人から束縛されていた時、とてもしんどかったから」といったものもあります。このように、正しい知識を得る事によって、より良い関係性を目指す事につながります。学校には、多くの若者たちが集まります。正しい知識をより効率よく広めていくには、やはり大勢の若者たちが集まる場所で情報を伝える事が効果的といえます。

全員に伝える必要性

　デートＤＶの被害に遭う可能性は約10人に1人だといわれています。他人事ではなく自分にも十分に起こりうる問題として、全員が予防知識として持っておく事が大切です。

　また、海外でのデートＤＶの研究によると、被害経験のない若者は「もし被害に遭った場合、誰に相談しますか？」という質問に対して「親や家族」という回答が一番多くなっています。しかしながら、実際に被害に遭った若者たちに「誰に相談しましたか？」と尋ねると、一番多い回答は「友だち」という結果が出ています。

　つまり、親や家族に相談するだろう、と予測している人たちでも実際に被害に遭うと、多くは家族には相談しにくい、と感じるのです。私自身、昔デートＤＶの被害に遭っていた時には「親には心配をかけられない」と感じていたため、相談はできませんでした。このような特徴があるため、デートＤＶ情報を残りの10人のうちの9人にも伝える事によって、傷ついている友人をうまくサポートする事につながるのです。

デートＤＶコミュニケーションカード

　レジリエンスではメディアに惑わされる事なく自分で考える力をつけてもらうために「デートＤＶ予防対策教材　コミュニケーションカード」を作りました。学生さんに5〜6人の班になってもらい、「コミュニケーションカード」に書かれているさまざまな質問について話し合いをしてもらいます。

　例えば「恋人がいるとあなたにはどんなプラスがありますか。またどんなマイナスがありますか」という質問が書かれたカードがあります。歌詞の中や映画やドラマでは恋人がいれば幸せになれるというメッセージが多いですが、恋人がいる事でのマイナスにも焦点をあてて恋愛幻想に陥らないような予防や気づきにつなげます。

また話し合いをする事で、自分とはちがう人の意見に耳を傾ける力、自分の考えを表現する力なども養います。メディアの情報をそのまま取り入れるのではなく、立ち止まって考える力や不健全なものを見抜く力をつける事が自分を守る事になるのです。

孤立からつながりへ

　ＤＶの被害に遭うと、人は孤立しやすくなります。暴力の相談はしにくい、という理由もありますが、一番大きな理由としては加害者が被害者に対して孤立するように仕向けるからです。被害者が孤立する事によって、加害者から被害者に対する支配は強まります。他の人たちからの影響が減るからです。被害者を孤立させるために、多くの加害者は「なんであんなバカなやつらと会うんだ！」と友だちを貶したり、被害者が友だちと会うと不機嫌になったり暴力を振るったりします。

　このような事が繰り返されると被害者は友だちと会う事をやめてしまったり、誰かに相談しようとしなくなったりもします。デートＤＶの加害者から離れるためには、被害者本人の意思が一番大切ですが、この意思を強めるために周りの人たちとの関係性を取り戻す事や、サポートをしてくれる人たちとのつながりを感じる事は重要です。学校という場には、友だちや相談できる先生がいます。だからこそ、この学校という場所をうまく活用する事は、デートＤＶの被害を減らす事になるのです。

尊重の大切さ

　レジリエンスで高校や大学でデートＤＶについて話す際には、必ず尊重というテーマについても触れます。なぜなら、世の中で尊重が増えれば増えるほど暴力は減るようになるからです。尊重と暴力は正反対なものです。デートＤＶであれいじめであれ、加害者が被害者に暴力を振るう時には必ず尊重が欠けています。暴力と尊重を両立する事はできません。ですから、尊重を増やす事によって暴力は減少します。

しかし、尊重の大切さを高校生にうまく伝えるためには工夫が必要です。なぜなら、尊重というものは非常に漠然としたものだからです。尊重とは、人を大切にする事、とも言えますが、人とのちがいを認め合う、という説明もできます。

　レジリエンスの授業でよく使うロールプレイでは、コーヒーに砂糖を入れる人と入れない人の会話となっています。この会話では、砂糖を入れない人が、自分の考えを相手に押し付けようとするため「砂糖なんて普通入れないだろ」とか「当たり前の事が何でわからないんだ」と言ったりします。このような考えの押し付けは尊重が欠けている行為です。尊重がある関係性では「砂糖を入れるのもOK」「砂糖を入れないのもOK」という考えになりますし、自分の考えを押し付けるような事もありません。

　また、「当然」「常識」「当たり前」「普通」といった言葉遣いは、尊重を打ち消しやすい言葉であるという事にも気付いてもらいます。気付く事によって、次回思わず「それって○○するのが普通だろ！」と言ってしまいそうになったときに、まず「普通って何だろう？」「自分にとっての普通とは相手にとっても普通なのだろうか？」と自問するためです。

見下し・軽蔑

　相手に対する尊重がないと、代わりに見下しや軽蔑という要素が増えます。DVが起きている関係性では、必ず加害者から被害者に対して、この見下しの要素が見受けられます。多くの加害者は、外面や人当たりは良かったりするのにもかかわらず、自分のパートナーには暴言などを含んだ暴力を振るいます。

　例えば、デートDVの場合の加害者はクラスでは人気者であったりしますが、つき合っている相手に対しては貶したり、傷つくような事を言ったりします。自分にとって大切な人に対しては親身になって話を聞いたり尊重のある会話ができたりする反面、パートナーの意見は徹底的に否定したり攻撃したりします。なぜ加害者はこのように豹変するのでしょうか？

　その理由は、パートナーに対する軽視や差別にあります。例えば、多くの加害者には「女のくせに！」などの女性を軽視した言動が見られます。これらは、ジェ

ンダーバイアス、或いはセクシズムと言います。職業を元に見下す加害者もいます。店員、駅員、ウェイトレスといった人たちを差別し、暴言を吐いたりします。他にも国籍や人種で人を差別する加害者もいます。人を見下す事は人を傷つける事につながります。ＤＶやいじめを減らしたいのであれば、どのような理由であっても人を見下してはいけないという事を教える事が必要です。

尊重し合える関係性を目指す

　このように、相手を尊重しようとする意識が減れば、加害行為をもたらす見下しや軽視という思考が増します。だからこそ、一人ひとりが尊重を意識して増やそうと心掛ける事が社会をより良いものに変えていくための第一歩となると言えます。尊重についての理解を深めていく事によって、つき合っている相手との関係だけでなく、友人や家族との関係性でも尊重を増やす事につながるでしょう。
　高校などでは、特に同じようなファッションでいる事や、流行を取り入れる事が重視されがちです。すると、少し違った発想を持っている学生は、仲間外れにされたり、からかわれたりしますし、これらの行為はいじめにも移行しやすいものです。一人ひとりが自分らしさを大切にし、さらにお互いの個人差を大切にし合える環境を学校内でつくる事ができれば、デートＤＶの防止にもつながると同時に、いじめなどの他の加害行為を防止する事にもなると思います。

『季刊SEXUALITY』32 号（エイデル研究所）掲載記事より加筆・修正

中島幸子 Sachi NAKAJIMA
NPO 法人レジリエンス代表・DV コンサルタント・ソーシャルワーカー。DV の被害に遭った経験がきっかけとなり勉強を始め、1991 年に米国にて法学博士号取得。03 年にソーシャルワーク学修士号を取得。97 年から DV についての講演会活動を始める。03 年、「レジリエンス」を結成。女性のための「こころのケア講座」を東京と横浜で毎月行っている。著書に『傷ついたあなたへ〈2〉』（梨の木舎）など　HP：http://resilience.exblog.jp/

デートDV オススメ参考図書

book
傷ついたあなたへ
ーわたしがわたしを大切にするということ DVトラウマからの回復ワークブック
NPO法人レジリエンス編
梨の木舎

book
傷ついたあなたへ〈2〉
ーわたしがわたしを大切にするということ DVトラウマからの回復ワークブック
NPO法人レジリエンス編
梨の木舎

book
デートレイプってなに？
ー知り合いからの性的暴力
アンドレア・パロット著、冨永 星 訳、
村瀬幸浩 監修　大月書店

book
夫・恋人からの暴力
ー国境のない問題・日本と各国のとりくみ
ドメスティックバイオレンス国際比較研究会編
教育史料出版会

book
DVを理解するために
米田眞澄 監修、ＣＯＳＭＯ編
解放出版社

book
夫・恋人から自由になるために
ジニー・ニッキャーシー 著、
スー・ディヴィッドソン 著、むらさき工房 訳
パンドラ

book
パンドラ
ーその生態学的秩序の生成と解体
内藤朝雄著
柏書房

book
続・はじめて学ぶジェンダー論
伊田広行著
大月書店

book
デートDV
ー愛か暴力か、見抜く力があなたを救うー
遠藤智子著、
NPO法人全国女性シェルターネット協力
KKベストセラーズ

book
デートDVってなに？ Q&A
日本DV防止・情報センター著
解放出版社

book
日本の子どもの自尊感情はなぜ低いのか
古荘純一著
光文社新書

book
一人ひとりの性を大切にして生きる
―インターセックス、性同一性障害、同性愛、性暴力への視点〉
針間克己著
少年写真新聞社

book
男性解体新書
―柔らかな共生と性教育の革新のために
村瀬幸浩著
大修館書店

book
少女売春供述調書
―いま、ふたたび問いなおされる家族の絆
大治朋子著
リヨン社

book
ネグレクト　育児放棄
―真奈ちゃんはなぜ死んだか
杉山 春著
小学館

book
日本の現代
―日本の歴史〈9〉岩波ジュニア新書
ドメスティックバイオレンス国際比較研究会編
教育史料出版会

book
若者の性」白書
第6回青少年の性行動全国調査報告
日本性教育協会編
小学館

book
恋するまえに
―デートDVしない・されない10代のためのガイドブック
バリー・レビィ 著、山口のり子 訳、小野りか 訳
梨の木舎

book
デートDV防止プログラム実施者向けワークブック
―相手を尊重する関係をつくるために
山口のり子著
梨の木舎

book
DV加害者プログラム資料集
CABIP Toolbox
アウェア

book
女性の健康とドメスティック・バイオレンス
―WHO国際調査／日本調査結果報告書
WHO保健政策部「女性の健康と生活についての国際調査」日本プロジェクトチーム
新水社

book
ストップ！デートDV
―防止のための恋愛基礎レッスン
伊田広行
解放出版社

book
『季刊SEXUALITY』
18、19、21、24、28、32、
36、37、42、44、46、47号
"人間と性"教育研究協議会 編
エイデル研究所

デートDV相談機関・団体

◉ NPO法人 エンパワメントかながわ

＊PCサイト：http://1818-dv.org/
＊ケータイサイト：http://www.1818-dv.org/m/
　すべての人に暴力にあわずに生きていく権利があります。あなたはあなたのままでいい 自分を大切にしていい。

◉ 松林カウンセリングルーム（静岡県藤枝市）

＊PCサイト：http://counseling.eshizuoka.jp/
＊電話：054-635-8587
　カウンセリングの中でデートＤＶの被害者支援やデートＤＶ加害者の更生プログラムも行っています。デートＤＶについての出前授業も可能です。

◉ NPO法人 女性と子ども支援センター ウィメンズネット・こうべ

＊相談専用電話：078-731-0324（月・火・水・金 10～16時）
＊ケータイサイト「対等な関係を作るために」：
　http://hwm2.gyao.ne.jp/pooh-cat/index.html
＊デートDV防止教育の専用HP：http://dv-boushi.net/index.html
　デートDV防止教育は早いほど効果的です。まわりの大人たちが正しい知識を持ち支援できるようになることも大切です。

◉ デートDV防止プロジェクト・おかやま

＊若者同士が支え合う相談掲示板：http://www.love-ok.jp/
　専門家のメンバーも見守っています。解決への情報提供も可能です。

◉ NPO法人えばの会 女性と子どもの性と人権を考える市民ネット（大分県）

＊電話：097-532-1080（土・日 10～15時）
＊メール：ebanokai@yahoo.co.jp
＊PCサイト：http://www.geocities.jp/ebanokai/index.html
　大分市内で女性相談をしています。DV、デートDV、セクシュアルハラスメント、ストーカー、性被害、セクシュアルマイノリティに関すること、面談・同行支援なども行っています。

あとがき

　ショウタ、ユウジ、メグミも含め、これまで私の目の前でデートＤＶに悩んだ生徒たちは、今、どうしているのか。

　つかめないままの生徒がいる中で、振り返ってみることをした生徒もいる。自分がどれだけ自尊心を失っていたのか、なぜ彼のあんな暴力を受け入れていたんだろう？と気づき、自身を取り戻そうと努力している者もいる。しかし、いまだにこころに受けた傷からのがれられないままトラウマを背負っている者が多い。その後も引きずり続けるトラウマに対して、学校が最後まで手を差し伸べることはむずかしい。

　結果が見えないまま、あるいは問題を抱えたまま、生徒たちは確実に卒業していく。「デートＤＶ現象」はあまりにもその傷が大きすぎて、教師・学校として解決できることは微々たるものである。

　はじめにでも述べたが、「１００人いれば１００通り、一人ひとりの生徒はちがい、みな同じではない」のである。

　相手がヤクザと知らずつき合ってしまった生徒が別れ話後、ストーカーとしてつきまとわれ、シェルターに避難させ、そこから登校させたこともあった。援助交際に溺れて身もこころもずたずたにされてしまった生徒を病院につれていったり、中絶手術の後、費用を持って迎えに来ると約束した彼が来ないので、退院できない、という生徒を病院まで迎えに行ったこともあった。数人に次々とレイプされてしまった生徒を病院で手当てを受けさせ、警察にも一緒に付き添って訴えに行き、少年課の無責任で差別的な対応に怒って刑事とケンカしたこともあった。

　繰り返される中絶、リストカット、薬物使用、援助交際、望まない妊娠、性感染症、これらの背景には「つき合っている相手」との恋愛があり、女として、または男として、というジェンダーバイアス、低い自尊感情など、複合的に絡んだ原因がひそんでいて、デートＤＶという言葉の概念が出る前からこのように対症療法的に関わってきたのだ。そして、そんな彼らの傷つきと対峙しながら、私は自身のジェンダーバイアスを一枚、また一枚とはがしていけたのだと思っている。

一見、反社会的、排他的に見える生徒とも、膝突き合わせ、「いのち・性・からだ」の重さについて話題をふってみると、温かいものにでも触れるようにこころを開いてくれる生徒たちもいた。"大人も捨てたもんじゃないじゃん！"と思ってくれたら御の字であった。

　背景にあるのは困難な家庭、どこにも繋がれない育ち方、どこにも居場所を見つけられなかった教室と学校、地域や社会と繋がれない社会的ネグレクトの中で、それでも必死に生きて行こうとする生徒たちの姿なのである。

　学校以外の生徒の「日常」、背後にある親や家庭の状況、地域にある産婦人科病院の医師や行政窓口の少年生活科、警察少年課の刑事たちや窓口、こうしたさまざまな地域の大人たちと、生徒と一緒に関わることができた。この時の生徒一人ひとりの呼吸する息づかいまでが、じかに頬に感じられるつき合いであった。

　言えることは、学校の狭い保健室内だけにとどまらないこの繋がりが、ＤＶ、デートＤＶの民間支援団体や行政の啓発活動・防止のための学習会、情報やネットワークに繋がる基本となったことだ。白衣を着ることが嫌いな養護教諭に出会い、「傷」と「痛み」を共有し、「手当て」を受けた記憶は、生徒のその後の生き方にどう活かされ、あるいはどう捨てられていくのだろうか？

　わずかな、一縷の望みを託して生徒たちを野山に放つ。

　翼はついた！あとは野となれ山となれだ！

　本書の発刊にあたり、長い教員生活の中で高慢と偏見まみれの私を変身させてくれた生徒たちへ、連日の編集作業のため結膜炎を起こし赤い目になってしまったエイデル研究所の熊谷さん、この本のために動いてくださったすべての関係者のみなさま、こころより感謝申し上げます。本当にありがとうございました。

　　　　　　　　　　　　　　　　　高橋裕子

【著者紹介】

高橋裕子　たかはし ゆうこ

●秋田県出身、東京都多摩市在住。看護師として働きながら、養護教諭の資格取得のため学校に通う。小学校養護教諭9年間勤務、都立高校定時制養護教諭24年間勤務し、06年退職。立教セカンドステージ大学修了。『季刊SEXUALITY』編集委員（32号「それってデートDV？」企画編集）。現在、多摩市TAMA女性センター運営委員委員長、厚労省エイズ対策事業MSM班研究協力、性と人権ネットワークESTO会員、"人間と性"教育研究協議会会員などで活動。

　小学校勤務時代から、時代と子どものニーズに応えるための性教育の研究・実践、高校では「性と生を考える会」部活顧問を主として生徒たちと共に人権・性・ジェンダーについて、またセクシュアルマイノリティと学校について講演・研究活動を続ける。02年放送TBSテレビ「金八先生」の高校養護教諭のモデル。共著『教師のための「多様な性」対応ハンドブック～子どもたちの声が聞こえていますか～』（厚労省エイズ対策事業における研究）ほか多数。

●イラスト：大谷敏子
●写真：高橋 圭
●カバー写真：久我麻衣子

デートDVと学校 ― "あした"がある ―

2010年8月20日　初刷発行
2012年6月16日　2刷発行

著　者　高橋裕子
発行者　大塚智孝
印刷・製本　中央精版印刷株式会社
発行所　株式会社エイデル研究所
〒102-0073　東京都千代田区九段北4-1-9
TEL.03-3234-4641
FAX.03-3234-4644

©Takahashi Yuko
Printed in Japan　ISBN978-4-87168-480-4 C3037